W0369534

Goldene Regeln für den Alltag

Aus dem Französischen übersetzt.
Originaltitel:
»Règles d'or pour la vie quotidienne«

Druck 2009: Interpress, Ungarn

Omraam Mikhaël Aïvanhov

Goldene Regeln für den Alltag

Reihe Izvor – Band 227

PROSVETA VERLAG

INHALT

Da Meister Omraam Mikhaël Aïvanhov
seine Lehre ausschließlich mündlich überlieferte,
wurden seine Bücher aus stenografischen
Mitschriften, Tonband- und Videoaufnahmen
seiner frei gehaltenen Vorträge erstellt.

1. Das kostbarste Gut: das Leben

Wie oft habt ihr schon eure Lebenskraft verschwendet, weil ihr Dingen nachlaufen wolltet, die nicht so wichtig sind wie das Leben selbst. Habt ihr je darüber nachgedacht? Wenn ihr dem Leben den ersten Platz einzuräumen wüsstet, wenn ihr daran denken würdet, es zu bewahren, zu schützen und es in der größten Unversehrtheit, der größten Reinheit zu erhalten, hättet ihr mehr und mehr Möglichkeiten, das zu bekommen, was ihr euch wünscht. Denn gerade ein lichtes, strahlendes und intensives Leben kann euch alles geben.

Nur weil ihr lebt, bildet ihr euch ein, alles sei euch erlaubt. Aber das ist ein Trugschluss. Wenn ihr jahrelang daran gearbeitet habt, euren Ehrgeiz zu befriedigen, seid ihr eines Tages erschöpft und übersättigt. Wenn ihr dann das Gewonnene und das Verlorene gegeneinander abwägt, wird euch klar, dass ihr fast alles verloren, dafür aber sehr wenig gewonnen habt. Viele Leute sagen sich: »Da ich ja Lebensenergien habe, kann ich sie auch verwenden, um das zu erhalten, was ich mir wünsche: Geld, Vergnügungen, Wissen oder Ruhm.« Dann schöpfen und schöpfen sie aus ihren Reserven, und wenn ihnen fast nichts mehr übrig bleibt, sind sie gezwungen, all ihre Aktivitäten einzustellen. So zu handeln ist sinnlos, denn wenn man die Lebenskraft verliert, verliert man alles. Das Wichtigste ist das Leben, und ihr müsst es daher beschützen, reinigen, stärken und alles beseitigen, was es behindert oder blockiert, denn dem Leben habt ihr Gesundheit, Schönheit, Kraft, Intelligenz, Liebe und wahren Reichtum zu verdanken.

Arbeitet also in Zukunft daran, euer Leben zu verschönern, zu intensivieren, zu heiligen. Ihr merkt es bald: Ein reines, harmonisches Leben ermöglicht es euch, andere Regionen zu berühren, wo es auf eine Vielzahl anderer Wesenheiten wirkt, die daraufhin kommen und euch dann inspirieren und helfen.

2. Bringt materielles und geistiges Leben in Übereinstimmung

Niemand verlangt von euch, das materielle Leben ganz zu vernachlässigen und euch nur der Meditation und dem Gebet zu widmen, wie es einige Mystiker oder Asketen taten, die den Versuchungen und Schwierigkeiten der Welt entfliehen wollten. Sich aber von den materiellen Beschäftigungen total vereinnahmen lassen, wie es die Menschen mehr und mehr tun, ist auch nicht gut. Ihr dürft alle arbeiten, Geld verdienen, heiraten, eine Familie gründen, aber habt gleichzeitig das Licht und Arbeitsmethoden für die geistige Entwicklung.

Es gilt also, gleichzeitig dem Geist und der Materie den gebührenden Platz einzuräumen, das heißt in der Welt leben, aber gleichzeitig ein göttliches Leben führen. Das muss euer Ziel sein. Sicher, das ist schwierig, weil ihr noch an dem Punkt steht, wo ihr weltliche Angelegenheiten vernachlässigt, wenn ihr euch in das geistige Leben stürzt und das geistige Leben aufgebt, wenn ihr euch um weltliche Dinge kümmert. Beides dürft ihr nicht vernachlässigen, und ihr seid dazu durchaus fähig. Und wie könnt ihr das erreichen? Bei allem, was ihr unternehmt, sagt euch zuvor: »Ich suche das Licht, ich suche die Liebe, ich suche die wahre Kraft. Kann ich sie erreichen, wenn ich dieses oder jenes tue?« Denkt gut darüber nach, und wenn ihr seht, dass die eine oder andere Beschäftigung oder Aktivität euch von eurem Ideal wegführt, dann gebt sie auf.

3. Widmet euer Leben einem erhabenen Ziel

Es ist sehr wichtig, dass ihr wisst, mit welchem Ziel und für wen ihr arbeitet, je nachdem fließen eure Energien in die eine oder andere Richtung.

Wenn ihr euer Leben einem erhabenen Ziel widmet, wird es reicher und nimmt zu an Kraft und Intensität. Das ist wie ein Kapital, das ihr anlegt: Ihr bringt dieses Kapital in eine Bank im Himmel; und anstatt dass es vergeudet wird, vermehrt es sich, und ihr werdet reicher. Und da ihr reicher seid, habt ihr die Möglichkeit, euch besser weiterzubilden und besser zu arbeiten. Derjenige, der sich Vergnügungen, Emotionen, Leidenschaften hingibt, verschwendet sein Kapital, d.h. sein Leben, denn alles, was er auf diese Weise erreicht, muss natürlich bezahlt werden, und er bezahlt es mit seiner Lebenskraft. Legt ihr dagegen euer Kapital in einer Bank im Himmel an, dann werdet ihr umso stärker, je mehr ihr arbeitet, weil ständig neue, reinere, lichtere Elemente unablässig in euch eindringen, um zu ersetzen, was ihr verloren habt.

4. Der Alltag: Materie, die der Geist umwandeln soll

Bei allen Handlungen des täglichen Lebens, auch bei den allereinfachsten, müsst ihr lernen, Kräfte und Elemente in Bewegung zu bringen, die es euch ermöglichen, diese Tätigkeiten auf die geistige Ebene zu heben und so die höheren Stufen des Lebens zu erreichen.

Nehmen wir einen ganz normalen Tag. Gleich beim Aufwachen wird eine Reihe von Vorgängen,

Gedanken, Gefühlen und Handlungen ausgelöst: aufstehen, Licht anmachen, Fenster öffnen, sich waschen, Frühstück vorbereiten, zur Arbeit gehen, Leute treffen usw. Vieles ist zu erledigen, und jeder muss es tun. Der Unterschied besteht darin, dass einige es gedankenlos, mechanisch erledigen, andere dagegen, die eine spirituelle Philosophie haben, versuchen, in jede dieser Tätigkeiten ein intensiveres, reineres Leben einfließen zu lassen. Dabei wird alles verwandelt, alles bekommt einen neuen Sinn, und sie werden immer aufs Neue inspiriert.

Natürlich geben sich viele Menschen dynamisch und unternehmungslustig, aber ihre Aktivität zielt nur darauf hin, Erfolg, Geld und Ruhm zu erringen. Sie tun nichts, um ihre Existenz ausgewogener, ausgeglichener und harmonischer zu gestalten. Das ist nicht intelligent, denn diese überschäumende Aktivität erschöpft sie nur und macht sie krank.

Macht es euch deshalb zur Gewohnheit, euer tägliches Leben mit seinen Pflichten, den auf euch zukommenden Ereignissen, den Menschen, mit denen ihr lebt oder die ihr trefft, als eine Materie zu betrachten, an deren Umwandlung ihr arbeiten sollt. Gebt euch nicht damit zufrieden, das zu akzeptieren, was euch widerfährt, das hinzunehmen, was auf euch zukommt. Bleibt nicht passiv, sondern denkt immer daran, ein Element hinzuzufügen, das geeignet ist, diese Materie zu beseelen, zu beleben und zu vergeistigen. Denn das ist wahres spirituelles Leben: fähig sein, in jede Handlung ein Element einzubringen, eine treibende Kraft, welche diese Handlung auf eine höhere Ebene heben kann. Ihr fragt: »Und die Meditation und das Gebet?« Aber natürlich, gerade Gebet und Meditation dienen euch dazu, die subtileren und reineren Elemente aufzufangen, die es euch dann erlauben, den Handlungen eine neue Dimension zu verleihen.

Im Laufe eures Lebens stellen sich manchmal Situationen ein, die es euch unmöglich machen, die gewohnten täglichen Übungen durchzuführen. Aber auch dann sollt ihr unbedingt mit dem Geist in Kontakt bleiben. Denn der Geist steht über allen Formen und Übungen. In allen Situationen, unter allen Bedingungen, könnt ihr mit dem Geist Kontakt aufnehmen, damit er euer Leben beseelt und verschönert.

5. *Das Essen als Yogaübung betrachten**

Zahlreiche durch die Hektik des heutigen Lebens aus dem Gleichgewicht geratene Menschen suchen nach Wegen, um ihr Gleichgewicht wiederzufinden! Sie praktizieren Yoga, Zen, Transzendentale Meditation oder lernen, sich zu entspannen.

* Siehe auch Band 204 »Yoga der Ernährung« aus der Reihe Izvor.

Schön und gut, aber meines Erachtens gibt es eine viel einfachere und wirksamere Übung: essen lernen. Ihr seid erstaunt? Warum denn? Anstatt die Mahlzeiten irgendwie, in Lärm, in nervöser Hast oder unter Streitgesprächen einzunehmen – um anschließend Yogaübungen durchzuführen –, wäre es da nicht besser, zu begreifen, dass ihr zwei- oder dreimal am Tag die Möglichkeit habt, eine Übung durchzuführen, die alle Zellen entspannen, konzentrieren und harmonisieren kann?

Sobald ihr euch an den Tisch setzt, verjagt alle Gedanken, die euch daran hindern könnten, in Frieden und Harmonie zu essen. Falls euch das nicht sofort gelingt, wartet so lange mit dem Essen, bis ihr zur Ruhe kommt. Wenn ihr beim Essen unruhig, zornig oder unzufrieden seid, führt ihr Fieberhaftigkeit und chaotische Schwingungen in euch ein, die sich anschließend auf alle eure Tätigkeiten übertragen. Auch wenn ihr vortäuscht, ruhig und selbstbeherrscht zu sein, geht von euch etwas Aufgeregtes und Gespanntes aus, und ihr begeht Fehler. Entweder ihr stoßt mit Menschen oder Gegenständen zusammen oder ihr werdet beleidigend, worauf Freunde euch verlassen und Türen sich verschließen. Esst ihr dagegen in Harmonie, dann könnt ihr auftretende Probleme besser lösen. Und selbst wenn ihr den ganzen Tag auf Trab sein müsst, fühlt ihr in euch einen Frieden, der durch eure Aktivität nicht zerstört werden kann. Ihr könnt sehr weit kommen, wenn ihr mit ganz kleinen Dingen anfangt.

Glaubt nicht, dass eure Müdigkeit immer davon kommt, dass ihr zu viel gearbeitet habt. Nein, sie kommt von einer Kräftevergeudung. Gerade dann, wenn man die Nahrung verschlingt, ohne sie gut gekaut zu haben, aber auch ohne sie mit seinen Gedanken und Gefühlen genügend durchdrungen zu haben, ist sie schwer verdaulich, und der Organismus, der dann die Nahrung unter Schwierigkeiten verarbeitet, kann nicht in vollem Umfang Nutzen daraus ziehen.

Wenn ihr esst, ohne euch der Wichtigkeit der Ernährung bewusst zu sein, entnimmt euer Organismus, selbst wenn er dadurch gestärkt wird, der Nahrung nur die gröbsten und materiellsten Teilchen. Das ist jedoch nichts im Vergleich zu den Energien, die ihr aufnehmen könnt, wenn ihr wirklich in Stille esst und euch dabei auf die Nahrung konzentriert, um ihr die ätherischen und feinstofflichen Elemente zu entnehmen. Konzentriert euch also während des Essens auf die Nahrung und bestrahlt sie mit Liebe! Dann geschieht eine Trennung zwischen Materie und Energie: Die Materie löst sich auf, während die Energie in euch eindringt; ihr könnt dann über sie verfügen.

Nicht die Nahrungsmittel sind bei der Ernährung das Wichtigste, sondern die Energie darin, die in ihr verborgene Quintessenz, denn in ihr sitzt das Leben. Die Materie des Nahrungsmittels dient nur als Träger, und gerade diese so subtile, so reine Quintessenz darf nicht nur dazu dienen, die niederen Körper zu ernähren, den physischen, den Astral- und den Mentalkörper, sondern sie soll auch Seele und Geist speisen.

6. Die Atmung

Luft »kauen«, um aus ihr Energien aufzunehmen

Gewöhnt euch daran, im Laufe des Tages Atemübungen zu machen. Um aber daraus wirklich Nutzen zu ziehen, muss man langsame und tiefe Atemzüge machen. Denn die reine Luft muss Zeit haben, in die Lungen zu gelangen, diese zu füllen und so die verbrauchte Luft zu ersetzen. Außerdem sollte man nicht nur tief atmen, sondern es empfiehlt sich auch, von Zeit zu Zeit die Luft ein paar Sekunden in den Lungen zurückzuhalten, bevor man wieder ausatmet. Warum? Um die Luft zu »kauen«, denn die Lungen können die Luft kauen, so wie der Mund die Nahrung kaut. Die Luft, die wir einatmen, ist wie ein mit belebenden Energien gefüllter Mund voll Nahrung. Damit einem jedoch diese Energie etwas nützt, muss man den Lungen Zeit lassen, die Luft zu kauen und zu verdauen. Macht euch bei dieser Übung bewusst, dass ihr mit der Luft göttliches Leben in euch aufnehmt.

Die seelische und die geistige Dimension

Atemübungen wirken sich nicht nur günstig auf die Gesundheit aus, sondern auch auf den Willen und das Denken. Probiert es selbst aus: Wenn ihr etwas Schweres hochheben müsst, so gelingt euch das leichter, wenn ihr vorher tief einatmet. Auch bei kleinen Begebenheiten des täglichen Lebens, beim Umgang mit anderen Menschen, denkt daran, tief zu atmen: Es hilft, sich zu beherrschen. Vor einer Unterredung zum Beispiel, gewöhnt es euch an, gut durchzuatmen, damit diese nicht in einen Disput ausartet. Und wenn ihr durcheinander seid, warum bittet ihr nicht die Lungen um Hilfe? Sie sind da, um euch zu helfen. Atmet zwei bis drei Minuten lang tief ein und aus, dann werden eure Gedanken leichter und klarer. Dass ihr manchmal Hilfe benötigt ist normal; aber warum sucht ihr sie immer außerhalb von euch, wo sie doch in euch ist?

Gelingt es euch, den tiefen Sinn der Atmung zu erfassen, dann spürt ihr allmählich, wie eure Atmung mit dem kosmischen Atem verschmilzt. Beim Ausatmen stellt euch vor, dass es euch gelingt, euch weit zu machen, euch bis an die Grenzen des Universums auszudehnen. Beim Einatmen kehrt zu euch selbst zurück, zu eurem Ich, das wie ein kaum wahrnehmbarer Punkt ist, der Mittelpunkt eines unendlichen Kreises. Dann dehnt euch wieder aus und zieht euch wieder zusammen... Auf diese Weise entdeckt ihr die Bewegung des Ein- und Ausströmens, die der Schlüssel zum Verständnis aller Rhythmen des Universums ist. Wenn ihr versucht, euch dieser Bewegung in euch selbst bewusst zu werden, findet ihr Eingang in die kosmische Harmonie, und es vollzieht sich ein Austausch zwischen euch und dem Universum. Denn beim Einatmen nehmt ihr Elemente aus dem Weltraum auf, und beim Ausatmen strahlt ihr etwas von eurem Herzen und von eurer Seele hinaus.

Wer es versteht, sich mit dem kosmischen Atem zu harmonisieren, tritt in das göttliche Bewusstsein ein. Fühlt ihr einmal diese Dimension, dann habt ihr den Wunsch, euer Leben lang daran zu arbeiten, die Kraft und das Licht Gottes einzuatmen, um dann dieses Licht der ganzen Welt weiterzugeben. Denn Ausatmen bedeutet auch, dass wir das Licht, das wir bei Gott wie aus einer Quelle geschöpft haben, an die Welt verteilen.

Bewusstes Atmen bringt unzählige Segnungen für das physische, emotionelle, intellektuelle und spirituelle Leben mit sich. Ihr sollt dann die guten Wirkungen auf Gehirn, Seele und alle Fähigkeiten beobachten; es ist ein sehr mächtiger Faktor für alle Lebensbereiche. Diese Sache solltet ihr niemals außer Acht lassen.

7. Wie man wieder zu Kräften kommt

Ihr lasst euch allzu oft von der heute zum normalen Zustand der Menschen gewordenen Hektik anstecken; das ist aber für das körperliche wie seelische Gleichgewicht sehr schädlich. Ihr müsst besser auf das Nervensystem Acht geben und ihm von Zeit zu Zeit eine Entspannung gönnen. Beispielsweise könnt ihr euch in ein ruhiges Zimmer zurückziehen, euch auf einem Bett oder am Boden auf einem Teppich ausstrecken und dabei Arme und Beine entspannen. Stellt euch vor, ihr taucht in einen Ozean von Licht ein, ohne euch zu bewegen, ohne an etwas zu denken. Nach ein bis zwei Minuten steht ihr energiegeladen wieder auf. Das ist alles; es ist eine Kleinigkeit, doch sehr wichtig.

Ihr wendet sicher ein, dass es euch nicht immer möglich ist, euch hinzulegen. Dann macht diese Übung im Sitzen. Wesentlich ist, dass es euch gelingt, euch eine Weile zu entspannen. Ihr müsst innehalten können, und zwar nicht nur ein oder zwei Mal am Tag – das ist nicht genug –, sondern zehn, fünfzehn, zwanzig Mal. Es braucht nicht länger als ein bis zwei Minuten zu dauern. Wesentlich ist, dass ihr euch angewöhnt, es häufig zu wiederholen. Jedes Mal, wenn ihr einen Moment Zeit habt, egal wo, nützt die Gelegenheit, um euch zu beruhigen und euer Gleichgewicht wiederherzustellen, anstatt eure Zeit zu vergeuden oder euch aufzuregen, weil man euch warten lässt. Danach nehmt ihr eure Tätigkeit mit neuer Kraft wieder auf.

8. Liebe macht unermüdlich

Immer mit Liebe zu arbeiten ist das größte Geheimnis, um unter den besten Voraussetzungen aktiv zu werden. Denn die Liebe stärkt, belebt und erneuert. Wenn man die Liebe nicht hat und nur arbeitet, um sein Brot zu verdienen, erzielt man keine guten Ergebnisse. Man verdient zwar etwas Geld, aber man verliert Freude und Begeisterung, wird reizbar, und die Gesundheit verschlechtert sich. Wenn ihr dagegen stundenlang mit Liebe arbeitet, dann fühlt ihr keine Müdigkeit. Arbeitet ihr dagegen bloß ein paar Minuten ohne Liebe, mit Zorn oder Widerwillen, dann blockiert alles in euch, und ihr seid erschöpft.

Ihr müsst die Wirksamkeit und die Macht der Liebe erkennen. Ihr solltet alles mit Liebe tun, sonst tut es lieber gar nicht! Denn alles, was ihr ohne Liebe tut, ermüdet, ja vergiftet euch sogar. Seid daher nicht überrascht, wenn ihr danach erschöpft und krank seid. So viele Leute fragen sich, wie man es schafft, nicht müde zu werden. Nun, das Geheimnis ist, das zu lieben, was man tut, denn die Liebe setzt alle Energien frei.

9. Der technische Fortschritt schenkt dem Menschen mehr Zeit für die spirituelle Arbeit

Auch wenn euch Wissenschaft und Technik täglich neue Apparate und neue Produkte zur Verfügung stellen, die das Leben erleichtern, dürft ihr euch nicht gehen lassen. Alle diese Verbesserungen müsst ihr als vermehrte Möglichkeiten ansehen, euch dem spirituellen Leben widmen zu können. Die wirkliche Bedeutung des technischen Fortschritts ist, den Menschen frei zu machen, aber frei für andersartige Tätigkeiten. Wenn euch die äußere Materie weniger zu schaffen macht, so bedeutet dies, dass ihr nun mehr Zeit habt, an eurer inneren Materie zu arbeiten, um sie zu beherrschen, zu vergeistigen und auf diese Weise zu einem Menschen zu werden, der auf die ganze Welt einen positiven Einfluss ausübt. Nach jeder Anstrengung, nach jeder Übung, nimmt euer Leben eine andere Farbe, einen anderen Geschmack an. Viele mit materiellen Dingen überhäufte Menschen sind dermaßen übersättigt, dass sie nicht mehr die geringste Freude empfinden! Das kommt daher, dass sie innerlich keine Aktivität mehr entwickeln, kein intensives Leben führen. Wären sie aufgeklärt, so hätten sie weiterhin an allem teil, ohne jedoch aufzuhören, eine innere Arbeit zu leisten. Diese Arbeit ist es nämlich, die allen Dingen Würze verleiht.

10. Gestaltet euer inneres Zuhause

Ihr sollt lernen, die Betonung auf die Möglichkeiten der Innenwelt zu legen, denn ihr seid ständig in die innere Welt eingetaucht. Ihr seid nicht immer mit Betrachten, Zuhören, Berühren oder dem Schmecken der Dinge außerhalb von euch selbst beschäftigt, dagegen seid ihr immer mit euch selbst beschäftigt, mit der inneren Welt und wisst noch nicht, wie ihr all deren Reichtümer nutzen könnt. Diese Welt gehört euch. Wo immer ihr auch hingeht, ihr nehmt sie mit euch, und auf sie könnt ihr zählen. Die Außenwelt dagegen kann immer einige Enttäuschungen für euch bereithalten. Vielleicht glaubt ihr einen Augenblick etwas zu besitzen, aber wenig später habt ihr nichts mehr. Man hat es euch genommen oder ihr habt es verloren. Wenn ihr Überfluss und Fülle sucht, so müsst ihr wissen, dass ihr sie nur in euch selbst wirklich finden könnt. Ihr kennt euch nicht, ihr wisst nicht, was ihr alles besitzt, was Gott alles an Schätzen, Kenntnissen und Fähigkeiten in euch legte. Nun solltet ihr euch anstrengen, all diese Reserven zu erfühlen und zu nutzen.

Dafür gebe ich euch ein Beispiel. Es gibt Menschen, die ihre Wohnung oder ihr Haus so schön eingerichtet haben, dass sie es gar nicht gerne verlassen, um irgendwo anders hinzugehen, wo sie Lärm, Staub und Verkehrsstauungen ertragen müssen. Andere dagegen, die erbärmlich in einer Bruchbude ohne jegliche Annehmlichkeit leben, suchen immer nach irgendeiner Möglichkeit, um von ihrem Zuhause wegzukommen (was natürlich keine echte Lösung ist, aber immerhin...). Übertragen wir dieses Bild nun in das geistige Leben. Ein geistig orientierter Mensch hat sein Innerstes so gut eingerichtet, dass es dort an nichts fehlt: Poesie, Farben, Musik – alles ist da, und er leidet, wenn er »ausgehen« und diese Schönheit verlassen muss. Der Durchschnittsmensch dagegen, der nie etwas getan hat, um seine Innenwelt wohnlich zu gestalten, trachtet nur danach, anderswo Zerstreuung zu finden. Sobald er mit sich allein ist, langweilt er sich und ist unglücklich.

Ihr solltet euch nun fragen, welche Situation am vorteilhaftesten ist. Da ihr Tag und Nacht mit euch selbst zusammen seid, ist es da nicht vorzuziehen, diese Wohnstätte, die ihr niemals verlasst, besser zu gestalten? Warum vernachlässigt ihr euer Innerstes, sodass es wie eine Bruchbude aussieht mit zerbrochenen Fensterscheiben und Spinnweben? In Zukunft solltet ihr mehr Wert darauf legen, alles in euch zu verschönern, auszuschmücken und zu harmonisieren. Dann werdet ihr euch nicht nur sehr wohl in eurem Inneren fühlen, sondern könnt in diesem wunderschönen Haus auch Gäste empfangen. Oh ja, lichtvolle Wesen werden sich glücklich schätzen, euch dort zu besuchen. Vielleicht entschließen sie sich sogar, sich dort endgültig niederzulassen, und ihr würdet von ihrer Gegenwart profitieren.

11. Die Außenwelt ist ein Spiegelbild eurer Innenwelt

Ihr müsst wissen, dass ihr nichts außerhalb eurer selbst finden könnt, was ihr nicht bereits zuvor in euch gefunden habt. Was ihr außerhalb von euch findet, würdet ihr übersehen, wenn ihr es nicht zuvor in euch gefunden hättet. Je mehr ihr Liebe, Weisheit, Schönheit in euch erkennt, umso mehr erkennt ihr sie in eurem Umfeld. Ihr denkt, was ihr nicht seht, existiere nicht. Und doch existiert es. Seht ihr es nicht, so liegt es daran, dass ihr es noch nicht genügend in euch entwickelt habt. Die Außenwelt ist nur ein Spiegelbild der Innenwelt. Macht euch also nichts vor: Ihr findet niemals Reichtum, Frieden oder Glück außerhalb von euch, wenn ihr euch nicht zuvor bemüht, sie in euch zu finden.

12. Eure Zukunft wird so sein, wie ihr eure Gegenwart lebt

Oft macht ihr euch Sorgen um die Zukunft. Ihr denkt, ihr seid niemals vor Unfällen, Krankheit und Not sicher. Aber warum malt ihr euch alles

Missgeschick aus, das euch zustoßen könnte, und vergällt euch dadurch die Gegenwart? Man weiß nie, was die Zukunft bereithält, das stimmt; aber die beste Art Unglück zu vermeiden, das man befürchtet, ist jetzt möglichst vernünftig zu leben. Die Zukunft wird so sein, wie ihr sie in der Gegenwart erschafft. Was also zählt, ist das »Jetzt«. So wie die Gegenwart die Folge bzw. das Ergebnis der Vergangenheit ist, ist die Zukunft die Fortsetzung der Gegenwart. Alles ist miteinander verbunden: Vergangenheit, Gegenwart und Zukunft sind nicht voneinander getrennt. Die Zukunft wird auf den Fundamenten gebaut, die ihr heute errichtet. Sind diese nicht fest, dann dürft ihr natürlich keine glänzende Zukunft erwarten. Sind sie jedoch fest, dann braucht ihr euch nicht zu beunruhigen: wie die Wurzeln, so der Stamm, die Zweige und die Früchte.

Die Vergangenheit ist vorbei, aber sie hat die Gegenwart geboren, welche die Wurzeln der Zukunft in sich trägt. Ihr müsst also von nun an die Zukunft erbauen, indem ihr die Gegenwart verbessert.

Zu diesem Zweck müsst ihr euch jeden Tag fragen: »Was habe ich heute gesagt und getan? Was für Gefühle und Gedanken haben mich bewegt?« Wenn ihr schlecht gehandelt habt, wenn ihr ungute Gefühle oder schlechte Gedanken hattet, schließt ihr euch den bösen Kräften an, und diese zerstören dann eure Zukunft.

Habt ihr einen schlechten Tag gehabt, so versucht zumindest vor dem Schlafengehen die besten Gedanken zu hegen und für den nächsten Tag die besten Vorsätze zu fassen, um die negativen Wirkungen einzudämmen. In der Nacht schwärmen dann diese Gedanken wie die Bienen aus und reinigen alles und machen alles wieder gut, und ihr beginnt den nächsten Tag unter besseren Voraussetzungen.

13. Kostet die Fülle der Gegenwart

Es gibt Menschen, die nur in der eigenen Vergangenheit leben; sie sind wie Gefangene der Ereignisse ihrer Vergangenheit, und dann kommen sie nicht mehr weiter. Andere dagegen leben ganz in einer aus ihrer Phantasie geborenen Zukunft, die niemals Wirklichkeit wird. Es ist gut, ab und zu auf die Vergangenheit zurückzublicken, aber nur um zu erkennen, wann man Fehler beging und wann man richtig handelte, und dann Lehren daraus zu ziehen. Das ist ein Erfahrungsschatz, der zur besseren Gestaltung der Gegenwart dienen kann.

Aber wie man aus der Vergangenheit Lehren zieht, so ist es auch gut, sich in die ferne Zukunft zu versetzen und sich zu fragen, welche Zukunft sich Gott für die Menschheit vorstellt, in welchem Licht und in welcher Herrlichkeit sie leben wird. Natürlich denken viele Menschen an die Zukunft, aber an welche? Sie sagen sich: »In ein paar Jahren wird man heiraten, ein paar Kinder haben, einen Hühnerstall, ein kleines Häuschen, vor dem man dann sitzt und gemütlich sein Pfeifchen raucht und dabei den Kühen, die vorbeilaufen oder den Zügen zuschaut! Man atmet etwas Staub ein, dann geht man hinein, isst, trinkt etwas und geht ins Bett.« Ach ja, was für eine schöne Zukunft! Ihr wendet ein: »Aber so stellen wir uns das nicht vor!« Ja, ich weiß. Ihr stellt euch vor, dass ihr Geld verdient, Geschäfte macht und auf irgendeinem Gebiet erfolgreich seid – als Universitätsprofessor, Geschäftsmann, Minister oder Staatsoberhaupt –, und dass ihr ein hübsches Mädchen habt, das ihr Tag und Nacht küssen könnt. Aber was ist das alles? Das ist jämmerlich.

Ihr müsst jetzt lernen, über diese Zukunft von zweifelhaftem Wert hinauszugehen und nach neuen Horizonten zu suchen, Fenster zur Unendlichkeit zu öffnen, um zu sehen, wie die Zukunft der Menschheit tatsächlich sein wird, wie Gott sie vorsieht, und durch euer Leben schon auf diese Zukunft vorgreifen. Kümmert euch dabei nicht um die Frage der Zeit, sagt niemals: »Ja, aber dann lebe ich ja gar nicht mehr, das ist nicht mehr meine Generation.« Mit dieser Einstellung versperrt ihr euch den Zugang zur wahren Schönheit, und ihr untersagt euch die Möglichkeit, den wahren Sinn des Lebens zu verstehen.

Die Gegenwart muss eine Zeit des bewussten und aufgeklärten Tuns sein, die ihre Weisheit aus den Lektionen der Vergangenheit zieht, aber auch stimuliert wird von den in der Zukunft enthaltenen Möglichkeiten. Die Vollkommenheit besteht darin, die Lektionen der Vergangenheit – die Vergangenheit hat der Menschheit weiß Gott Lehren erteilt – mit den unzähligen Verheißungen der Zukunft zu verbinden. Wenn ihr wisst, wie ihr in der Gegenwart leben und dabei die Erfahrungen der Vergangenheit und die Herrlichkeit der Zukunft ausdrücken könnt, nähert ihr euch Gott. Was singen die Seraphim vor Gottes Thron? »Heilig, heilig, heilig ist der Herr, der allmächtige Gott, der da war und der da ist und der da sein wird.« So kann sich euer Bewusstsein bis in die Dimensionen des göttlichen Bewusstseins erweitern.

14. Die Bedeutsamkeit des Anfangs

Seid euch der Kräfte bewusst, die ihr in Bewegung setzt. Man darf niemals etwas unternehmen, solange man sich nicht im Klaren ist über die damit in Bewegung gesetzten Kräfte. Denn am wichtigsten ist der Anfang. Dort am Anfang werden Kräfte in Gang gesetzt, die nicht auf halbem Weg stehen bleiben, sondern bis ans Ende gehen. Angenommen ihr seid auf einem Berg, und über euch hängt ein riesiger Felsblock, der bei der geringsten

Erschütterung den Abhang hinunterrollen kann: Ihr könnt ihn entweder ruhen lassen oder seinen Absturz bewirken. Stoßt ihr ihn an, so kann ihn danach nichts mehr aufhalten. Er überrollt euch und viele andere dazu. Und wenn ihr die Tore einer Schleuse öffnet, dann versucht einmal, das Wasser aufzuhalten!... Es ist immer einfach, Kräfte und Ereignisse auszulösen, aber es ist sehr schwierig, sie zu lenken und auszurichten, d.h. sie zu bezwingen. Der Ausdruck »Zauberlehrling« bezeichnet ganz richtig denjenigen, der unvorsichtigerweise Ströme in Bewegung setzt und dann unfähig ist, sie aufzuhalten oder zu lenken. Wenn Aufwiegler einen Aufstand anzetteln, so ist es anschließend unmöglich, die Kontrolle über ihn zu behalten. Er entgleitet ihren Händen.

Bevor ihr ein Wort sagt, jemandem einen Blick zuwerft, einen Brief schreibt oder eine Handlung beginnt, liegt alle Macht in euren Händen. Aber danach ist es vorbei, ihr seid dann nur noch Zuschauer und manchmal sogar Opfer. Ob auf der physischen, der astralen oder der mentalen Ebene, überall waltet das gleiche Gesetz. Wenn ihr fühlt, wie die Wut in euch aufsteigt und euch sofort entscheidet, sie zu beherrschen, bricht sie nicht aus. Aber wenn ihr ihr freien Lauf lasst, könnt ihr sie nicht mehr aufhalten. Und das Gleiche gilt auch für bestimmte Ideen: Wenn ihr es zulasst, dass sie sich in euch einnisten, könnt ihr sie dann nicht mehr vertreiben. Seid also wachsam und vergesst nie, dass ihr nur am Anfang wirklich Macht über euer Handeln habt.

15. Sucht das Licht, bevor ihr handelt

Bevor ihr euch an ein wichtiges Vorhaben heranwagt, solltet ihr euch zunächst sammeln und mit den Freunden der unsichtbaren Welt verbinden, damit ihr die besten Bedingungen fürs Handeln schafft. Wer unruhig und durcheinander ist, kann nur Irrtümer begehen, alles in Unordnung bringen oder zerstören. Und dann geschieht häufig Folgendes: Man handelt überstürzt und unüberlegt, und die Ergebnisse sind nicht gerade berühmt. Um richtig zu handeln, müsst ihr zuerst das Licht suchen. Dies gilt übrigens auch schon für die physische Ebene: Ihr werdet nachts von einem Geräusch geweckt, etwas ist heruntergefallen und zerbrochen oder jemand ist hereingekommen. Stürzt ihr euch dann einfach so in die Dunkelheit? Nein, ihr wisst, dass dies zu gefährlich ist. Ihr macht als Erstes Licht an, damit ihr etwas seht, und erst dann handelt ihr. In jeder Lebenssituation ist es notwendig, zunächst Licht zu machen, das heißt euch zu konzentrieren, euch zu sammeln, damit ihr wisst, wie ihr handeln sollt. Ohne dieses Licht irrt ihr hin und her, klopft an mehrere Türen und versucht alle möglichen Mittel einzusetzen, die sich doch als unwirksam erweisen.

Bevor ihr also irgendetwas Wichtiges unternehmt, solltet ihr eure Gedanken einige Minuten lang auf die Welt des Lichtes konzentrieren und fragen, was zu tun ist. Die Antwort wird in Form einer Idee, eines eindeutigen Gefühls oder auch als symbolisches Bild kommen. Ist die Antwort klar, dann könnt ihr beginnen. Wenn ihr aber Zögern, Furcht, Unruhe oder Widersprüche spürt, so bedeutet dies, dass Hindernisse oder Feinde euch den Weg versperren. Verschiebt dann euer Vorhaben auf den nächsten Tag, stellt die Frage noch einmal und wartet mit dem Handeln, bis der Weg für euch frei ist.

16. Achtet immer auf die erste Bewegung

Wenn ihr eine neue Arbeit in Angriff nehmt, so achtet darauf, dass ihr ruhig seid. Konzentriert eure ganze Aufmerksamkeit auf die erste Geste, die erste Bewegung und führt sie präzise und fehlerfrei aus. Wiederholt sie dann jedes Mal etwas schneller, bis ihr das gewünschte Tempo und den gewünschten Rhythmus erreicht. Ihr werdet sehen, dass sie euch immer leichter vorkommt und dabei doch weiter tadellos ausgeführt wird. Es spielt keine Rolle, welche Gesten oder Handlungen ihr auszuführen habt: Es wird euch gelingen, sie immer fehlerfrei zu wiederholen, sofern ihr euch von Anfang an ein gutes Klischee einprägen konntet.

Wenn ihr heute in irgendeinem Bereich Fehler begeht, so deshalb, weil ihr in der Vergangenheit unbewusst fehlerhafte Klischees in euch aufgezeichnet habt. Bei der ersten Bewegung, der ersten Geste, dem ersten Kontakt mit einem Gegenstand oder einer Person wart ihr unaufmerksam und habt Fehler begangen. Und jetzt müsst ihr unter den Auswirkungen leiden. Mit der Zeit häufen sich die Fehler und werden immer schlimmer. Es ist sehr schwierig, heute die Fehler auszumerzen, die sich uns in der Vergangenheit einprägten, aber es ist leicht erlernbar, wie man neue Klischees richtig prägt.

17. Werdet euch eurer Denkgewohnheiten bewusst

Die Menschen sind sich selten ihrer Denkgewohnheiten bewusst. Der eine ist gleich verkrampft und nervös, wenn er mit einer Arbeit anfangen soll; ein anderer reagiert auf jede neue Situation zuallererst pessimistisch, kritisch oder entsetzt, ein Dritter lehnt sich auf und wieder ein anderer ist entmutigt. Aber da sie sich dieser Verhaltensweisen nicht einmal bewusst sind, können sie auch nicht dagegen angehen, und so haben sie in jeder Situation immer einen Vorwand, negativ zu reagieren. Als Erstes müsst ihr euch also selbst beobachten, um herauszufinden, wie ihr reagiert.

Sobald ihr dann klar seht, vermögt ihr schon die Situation in die Hand zu nehmen. Ihr erhaltet sofort den Impuls, alle Fähigkeiten zu mobilisieren, die Gott in euer Unterbewusstsein, euer Bewusstsein und euer Überbewusstsein legte. Dank dieser Gewohnheit, euch zu beobachten und Klarheit über euch selbst zu gewinnen, macht ihr jeden Tag Fortschritte.

18. Aufmerksamkeit und Wachsamkeit

Die Aufmerksamkeit hat mehrere Aspekte. Der bekannteste davon ist natürlich die gesteigerte Aufmerksamkeit, die nötig ist, um eine Arbeit korrekt auszuführen, einen Vortrag anzuhören oder ein Buch zu lesen. Es gibt aber auch eine andere Aufmerksamkeit, die man Selbstbeobachtung oder Introspektion nennt. Sie besteht darin, sich in jedem Augenblick des Tages bewusst zu sein, was in uns vorgeht, um die Regungen, Wünsche und Gedanken in uns zu unterscheiden. Diese Art der Aufmerksamkeit ist noch nicht genügend entwickelt. Und gilt es ein Problem zu lösen oder ein wichtiges Thema zu erfassen, dann ist das Gehirn müde und stumpf, und es kommt nichts Gutes dabei heraus.

Damit euer Gehirn immer klar und einsatzbereit ist, müsst ihr bei allem aufmerksam, sorgfältig und maßvoll vorgehen, denn sonst versteht ihr nichts, selbst wenn die Wahrheit persönlich vor euch erscheint. Um alle auf euch zukommenden Situationen vernünftig und intelligent regeln zu können, müsst ihr dafür sorgen, dass euer Denken immer wach und aufmerksam ist. Wer nicht wachsam ist, wer die Augen verschließt, ist allen Gefahren ausgesetzt. Es gibt nichts Schlimmeres, als mit geschlossenen Augen durchs Leben zu gehen. Man muss die Augen offen halten, um sich unablässig über den augenblicklichen Bewusstseinszustand im Klaren zu sein. Nur wer die Augen offen hält, besitzt die Intelligenz, die aus dem Inneren kommt. Er lässt sich nicht mehr von irgendeiner Kraft oder Wesenheit einfangen. Es ist nur zu klar, dass ein schlafender Mensch von jedem überrascht werden kann.

Ihr müsst also dafür sorgen, dass die innere, die immer währende Aufmerksamkeit nie nachlässt, damit ihr ständig wisst, was in euch vorgeht.

Übt euch darin. Es genügt nicht, am Abend euer Gewissen zu überprüfen, ihr solltet in jedem Augenblick des Tages sagen können, was für Wünsche, Gedanken und Gefühle euch durchziehen, ihr solltet ihren Ursprung und ihre Wesensart erkennen und nötigenfalls fähig sein, Vorsichtsmaßnahmen zu treffen oder sogar Schäden wiedergutzumachen.

Sobald im täglichen Leben ein Unfall passiert, sieht man, wie Feuerwehr oder Militär ausrücken, um sofort einen Brand zu löschen, Brücken zu reparieren, Straßen frei zu räumen und Verletzte zu retten. Auf der physischen Ebene findet man es ganz normal, dass Schäden sofort repariert werden. Aber im psychischen Bereich weiß man nicht, was man tun soll; man sieht zu, wie alles zerstört wird und reagiert nicht. So geht es nicht! Man muss zehn oder zwanzig Mal am Tag in sich hineinschauen, um herauszufinden, was repariert werden muss. Man darf dies auf keinen Fall verschieben, weil es dann zu spät ist und man sich erschöpft und zerschlagen fühlt.

19. Das Leben spirituell ausrichten

Wenn man eine wirklich geistige Arbeit machen will, muss man einer Philosophie oder einem System folgen und dies vertiefen, sonst geschieht mit dem psychischen Organismus genau dasselbe wie mit dem physischen: Wenn ihr allerlei Nahrungsmittel durcheinander esst, werdet ihr krank. In der gleichen Weise kann auch der psychische Magen von all dem, was ihr in ihn hineinstopft, verstimmt werden. Was wollt ihr mit einer kunterbunten Mischung aus ägyptischen, hinduistischen, tibetischen, afrikanischen, chinesischen, hebräischen und aztekischen Überlieferungen anfangen? Wenn ihr wenigstens eine ausreichend gefestigte mentale Struktur hättet, um euch inmitten all dieser Dinge noch zurechtzufinden! Da aber viele von euch schon kaum in der Lage sind, sich von einem einzigen philosophischen System eine klare Vorstellung zu machen, wohin kann sie dann das erst führen, wenn sie alles lesen und alles kennen lernen wollen? Sie verlieren einfach nur den Kopf! Und dann wird natürlich die Spiritualität beschuldigt, sie bringe die Menschen aus dem Gleichgewicht! Die Spiritualität trifft keine Schuld, wenn die Menschen sich einbilden, sie sei ein Jahrmarkt, auf dem man alle möglichen Attraktionen findet, sogar die allergefährlichsten wie Drogen, schwarze Magie und zügellose Sexualität. Ihr solltet endlich begreifen, dass wahre Spiritualität darin besteht, selbst zum lebendigen Ausdruck der göttlichen Einweihungslehre zu werden, der ihr folgt.

20. Legt mehr Wert auf die Praxis als auf die Theorie

Versucht zwischen der spirituellen und der intellektuellen Arbeit besser zu unterscheiden. Nehmt zum Beispiel eine Orange; intellektuell betrachtet könnt ihr eine Menge über sie erfahren: ihr Herkunftsland, ihre Geschichte, ihr Gewicht, ihre Form, ihre Eigenschaften, die chemischen Elemente, aus denen sie zusammengesetzt ist, die verschiedenen Verwendungsmöglichkeiten, sogar ihre Symbolik... In einer Einweihungsschule lernt ihr möglicherweise nichts von all dem, dafür lernt ihr aber das Wesentliche: die Orange zu kosten! Genau das ist die spirituelle Arbeit: nicht so viele theoretische Kenntnisse anhäufen, sondern die Orange »essen«, d. h. anwenden, praktizieren. Dies ist schwieriger und verlangt Anstrengungen, aber nur so kann man sich verwandeln.

Natürlich kann man nicht leugnen, dass es interessant, ja sogar nützlich ist zu erfahren, wie sich die Menschen seit Jahrhunderten und Jahrtausenden bemühen, die Geheimnisse des Universums aufzudecken und sich dem Göttlichen zu nähern, aber das genügt nicht. Da diese Religionen und philosophischen Systeme nur von unserer Vergöttlichung, von unserer Herrlichkeit, von unserer Vollkommenheit sprechen, muss man sich anstrengen, um dieses Ideal zu erreichen. Ahmt nicht all jene Leute nach, die zu gelehrten Vorträgen über Weisheit und Wissen früherer Eingeweihter eilen und dabei übersehen, dass sie selbst klein, unbedeutend und schwach bleiben, unfähig, ihr Leben vernünftig zu führen. Das ist lächerlich und hat mit Spiritualität nichts zu tun.

21. Nicht auf das Talent, sondern auf moralische Qualitäten kommt es an

Zeigt jemand eine besondere künstlerische, wissenschaftliche oder sportliche Begabung, dann sind alle begeistert und schätzen ihn. Sie fragen sich nicht, ob dieser Mensch gütig, gerecht, ehrlich oder großzügig ist. Nein, alle haben nur das Talent im Auge und bewundern es und versuchen es zu entwickeln. Deshalb ist jetzt die Erde von begabten und talentierten Menschen bevölkert. Das ist großartig, es wimmelt! Aber warum vermögen alle diese Begabungen, Fähigkeiten und Talente nicht, die Welt zu retten? Weil das nicht genügt. Wenn man von der Vorsehung eine Begabung als Dichter, Musiker, Physiker, Wirtschaftswissenschaftler, Schwimmer usw. bekommen hat und diese entwickelt, ist das natürlich wunderbar, aber das Wichtigste ist, in Einklang mit den göttlichen Gesetzen zu leben, d. h. jeden Tag daran zu arbeiten, weiser, ehrlicher, großzügiger, mehr Herr seiner selbst zu werden. Die Welt braucht viel mehr Menschen, die fähig sind, moralische Qualitäten zu manifestieren, als Künstler, Wissenschaftler, Sportler usw. Also gebt auch ihr Acht, lasst euch nicht so sehr beeindrucken von diesen talentierten und begabten Menschen und nehmt sie niemals als Vorbild. Ihr solltet das höchste Ideal haben: jeden Tag der Vollkommenheit einen Schritt näher zu kommen. Und Vollkommenheit bedeutet, lichtvoll, warmherzig und belebend wie die Sonne zu werden, um alle Geschöpfe zu erwecken, zu erleuchten, anzuspornen und zu befruchten.

22. Seid zufrieden mit eurem Schicksal und unzufrieden mit euch selbst

Zufriedenheit kann verschiedene Formen annehmen. Schaut euch die Tiere an. Sie sind mit ihrem Schicksal zufrieden, sehen ihre Begrenzungen nicht und versuchen also nicht, darüber hinauszuwachsen, um voranzukommen. Eine für Tiere normale Mentalität ist für die Menschen nicht von Nutzen, obwohl sich viele damit zufrieden geben. Eine weitere Art, mit seinem Schicksal zufrieden zu sein, kann als ein »Auf-sich-nehmen« bezeichnet werden. Der Mensch begreift, dass die ihm auferlegten Prüfungen die Folge früherer Fehler sind, und er erträgt sie. Aber er bleibt nicht dabei stehen. Er weiß, dass er bemüht sein soll, diese Fehler wiedergutzumachen und Unzulänglichkeiten zu beheben. Das ist die wahre Weisheit. Man soll sein Schicksal annehmen als Folge der Fehler, die man in früheren Leben beging, aber sich niemals mit der erreichten Evolutionsstufe zufrieden geben und immer den Wunsch haben voranzukommen.

Die Unzufriedenheit mit sich selbst ist also ein Gefühl, das euch anspornen und dazu drängen kann, an euch zu arbeiten. Will man aber, dass diese Unzufriedenheit nicht zur zerstörerischen Zwangsvorstellung wird, muss ein Gleichgewicht hergestellt werden. Und wie? Indem man mit den anderen zufrieden ist! Diese innere Haltung verhindert, dass ihr in eine zu negative Gemütsverfassung geratet, die zur völligen Entmutigung führen könnte. Findet das Schöne und Gute in allen Menschen, vor allem bei jenen, die durch ihr Genie und ihre Tugenden zur Weiterentwicklung der Menschheit beigetragen haben. Auf diese Weise seid ihr immer voller Bewunderung und lauft nie Gefahr, in Verzweiflung zu versinken.

23. Spirituelle Arbeit bleibt nie ohne Ergebnisse

Nichts ist wichtiger und heilsamer, als an spirituellen Aktivitäten Geschmack zu finden, sie zu schätzen und keinen Tag mehr vergehen zu lassen, ohne sich mit dem Himmel zu verbinden, zu meditieren und zu beten. Haltet mehrmals täglich einige Minuten inne und versucht, im Inneren euren Schwerpunkt, eure göttliche Mitte zu finden. Dann beginnt ihr zu spüren, dass ihr im Inneren ein ewiges, unsterbliches, unzerstörbares Element besitzt. Auch wenn die anderen nichts davon merken, wenn niemand eure Anstrengungen zu schätzen weiß, und auch wenn ihr davon keinen materiellen Nutzen habt, dürft ihr doch nie aufhören, geistige Reichtümer anzusammeln, denn ihr werdet innerlich freier, stärker und seid dann über die Ereignisse erhaben. Die spirituelle Arbeit ist der einzige Reichtum, das einzige Gut, das euch wirklich gehört. Alles andere kann euch genommen werden; nur die geistige Arbeit gehört euch für immer.

24. Wie man den physischen, den astralen und den mentalen Körper erneuern kann

Alle Gedanken, Gefühle, Wünsche und Handlungen haben die Eigenschaft, aus dem Universum die Teilchen anzuziehen, die ihnen entsprechen. Lichtvolle, uneigennützige Gedanken, Gefühle, Wünsche und Handlungen unterstützt von einem festen Willen, ziehen reine, unverderbliche Materieteilchen an. Wenn ihr durch die hohe Qualität eures psychischen Lebens jeden Tag daran arbeitet, diese Materie anzuziehen, strömt sie überall in euren Organismus ein und lässt sich in ihm nieder. Sie findet dort ihren Platz und vertreibt alle alten, staubigen, trüben, muffigen Partikel. So gelingt es euch nach und nach, euren physischen, astralen und mentalen Körper zu erneuern.

Jedes Mal, wenn ihr die göttliche Welt in all ihren Erscheinungsformen von Licht, Schönheit, Musik und Harmonie kontempliert, sammelt ihr neue Teilchen; und da jedes dieser Teilchen lebendig ist, kommt es nicht alleine, sondern bringt Kräfte und Wesenheiten mit sich, die ihm entsprechen. Ihr sollt also täglich daran arbeiten, kraftlos gewordene Teilchen in euch durch neue, himmlische und strahlende zu ersetzen.

Jemand fragt: »Aber warum soll man sich so viel Mühe geben, um etwas zu erreichen, was doch dieses Leben nicht überdauert? Lohnt sich das?« Ja, selbstverständlich, denn in Wirklichkeit ist dies die einzige Arbeit, deren Ergebnisse auf immer erhalten bleiben. Die einzigen Reichtümer, die ihr beim Verlassen der Erde mitnehmt, sind die inneren, dank eurer Bemühungen erworbenen Reichtümer. Und bei der nächsten Inkarnation bringt ihr sie wieder mit: Von der Empfängnis und der Schwangerschaft an wird dann die Materie eures physischen, astralen und mentalen Körpers genau nach den Qualitäten und Tugenden gestaltet, die ihr in der gegenwärtigen Inkarnation entwickelt.

25. Seid jeden Tag auf geistige Nahrung bedacht

Wenn ihr morgens die Sonne betrachtet, stellt euch vor, dass die bis zu euch durchdringenden Strahlen lebendige Wesen sind, die euch helfen können, die Probleme des Tages zu lösen. Aber nur die Probleme des heutigen Tages, nicht die von morgen. Morgen müsst ihr sie wieder befragen und wieder nur für einen Tag. Sie antworten euch nie für zwei oder drei Tage im Voraus. Sie sagen: »Mach dir keine Sorgen, komm morgen wieder, und du bekommst die Antwort.« Auch bei euren täglichen Mahlzeiten sammelt ihr nicht im Magen

Vorräte für eine ganze Woche an, sondern nur für den jeweiligen Tag. Ihr esst für heute, und morgen fangt ihr wieder von vorne an. Nun, mit dem Licht soll es nicht anders sein, denn das Licht ist eine Nahrung, die ihr jeden Tag aufnehmen und verdauen sollt, damit sie in euch zu Gefühlen, Gedanken und Inspirationen wird.

Warum verhält man sich dem Licht gegenüber nicht ebenso logisch wie gegenüber der Nahrung? Ihr sagt: »Ja, gestern habe ich gegessen, aber das zählt nicht mehr. Heute will ich wieder essen.« Für das Licht gilt das Gleiche. Ihr braucht es täglich, um euch zu ernähren.

26. Überprüft regelmäßig euer Leben

Zur Förderung eurer geistigen Entwicklung ist es ratsam, in regelmäßigen Abständen euer Leben zu überprüfen. Warum? Durch Aktivitäten und Sorgen, mit denen ihr konfrontiert werdet, geht euer Leben allzu oft in eine Richtung, die euch mehr und mehr von eurem geistigen Ideal abbringt. Ihr vergesst, dass ihr nur kurze Zeit auf der Erde bleibt und alle materiellen Errungenschaften, Titel und gesellschaftliche Stellung, um die ihr euch so sehr bemüht, hier lassen müsst. Ihr erwidert: »Jeder weiß das!« Ja, jeder weiß es, aber alle vergessen es. Und auch ihr lasst euch beeinflussen von den Beispielen, die ihr um euch herum seht. Deshalb ist es unerlässlich, von Zeit zu Zeit innezuhalten, um Rückschau zu halten, die eingeschlagene Richtung zu überprüfen, die in Angriff genommenen Aktivitäten zu beurteilen, und jedes Mal eine Auswahl zu treffen, um nur das Wesentliche zu behalten.

27. Bringt Ziel und Mittel in Übereinstimmung

Einer der Gründe, warum ihr in eurer spirituellen Arbeit nicht vorankommt, ist, dass ihr euch erlaubt, euch einer Vielzahl von Beschäftigungen hinzugeben, die keinerlei Verbindung mit dieser geistigen Arbeit haben, und ihr bildet euch dabei ein, diese Beschäftigungen würden euch nicht von den Gipfeln fern halten, die ihr erklimmen wollt. Die Wirklichkeit sieht aber so aus: Ihr lasst euch darauf ein, dieses oder jenes auszuprobieren oder auszukosten, ohne euch um die Natur oder die Qualität dieser Erfahrungen zu kümmern. Ihr könnt euch jedoch nicht mehr davon befreien, wenn ihr innerlich auf eine höhere Ebene gelangen wollt. Sobald ihr das hohe Ideal in euch nährt, euch geistig erheben zu wollen, verlangt seine Verwirklichung, dass ihr ein wenig auf bestimmte Dinge verzichtet. Wie soll man am Morgen gut meditieren können, wenn man sich die Nacht hindurch amüsierte?

Unablässig werden euch Erläuterungen und Methoden gegeben, und wenn trotzdem einige nicht vorankommen, dann deshalb, weil sie zu viele Interessen haben und Beschäftigungen nachgehen, die dem spirituellen Leben fremd sind, wie Geld, Komfort, Vergnügungen und gesellschaftliche Stellung. Damit meine ich jedoch nicht, dass alle diese Interessen unterdrückt werden sollen, denn sie sind nicht absolut unvereinbar mit dem geistigen Leben. Es muss aber zuallererst die Frage nach den Zielen und dem Mittel geklärt werden. Die Menschen haben so viele Fähigkeiten, aber welchen Gebrauch machen sie davon? Wem dienen sie damit? Ihrem Geschlecht, ihrem Bauch und ihren Leidenschaften. Von nun an müsst ihr genau das Gegenteil tun, nämlich eure Fähigkeiten in den Dienst eines hohen Ideals, des Geistes, des Lichtes stellen.

Wenn ihr euch selbst analysiert, werdet ihr sehen, dass viele von euren göttlichen Begabungen den Launen der niederen Natur geopfert werden. Und dann klagt ihr: »Ich weiß nicht mehr, wo mir der Kopf steht!« Das ist normal; wenn man sich zu viele verschiedenartige Dinge wünscht und anhäuft, steckt man bald bis zum Hals in Widersprüchen.

Schaut euch einen Diamanten an. Er ist deswegen so rein, weil er mit nichts vermischt ist – reiner Kohlenstoff. Fügt ihm ein anderes Element hinzu, und er ist kein Diamant mehr. Die Schüler, die alles kosten, berühren, ausprobieren und kennen lernen wollen, verlieren ihren Wert als Diamanten und werden zu undurchsichtigen Steinen. Der wahre Schüler muss sich auf ein einziges Ziel ausrichten, ein einziges Ideal, einen einzigen Wunsch, eine einzige Nahrung haben. Dann lebt er wirklich im Licht.

28. Korrigiert eure Fehler möglichst schnell

Lasst inneres Unbehagen niemals so groß werden, dass ihr nicht mehr dagegen angehen könnt. Nehmen wir an, ihr seid unvorsichtigerweise in flüssigen Zement getreten; dann denkt ihr an etwas anderes und vergesst, die Füße herauszuziehen. Was geschieht? Der Zement wird fest. Er wird sogar so fest, dass er mit Werkzeugen zerschlagen werden muss, und ihr könnt sogar dabei verletzt werden. Im Innenleben sieht es – symbolisch gesehen – nicht anders aus! Wenn man nicht daran denkt, bestimmte Fehler und Schwächen schnell zu berichtigen, ist es bald zu spät dafür. Die Behebung des Schadens kommt euch dann teuer zu stehen und kann weitere Schäden anrichten.

29. Verschließt die Tür vor den niederen Wesenheiten

Unsere Schwächen sind wie Türen, durch die

feindlich gesinnte Wesenheiten versuchen sich einzuschleichen. Gibt man sich dieser oder jener Schwäche hin, gibt man den Wesenheiten das Recht, in uns einzudringen, um uns zu quälen. Widersteht man den Schwächen und unterliegt nicht der Versuchung, dann haben sie keinerlei Macht über uns. Deshalb sage ich euch: Negative Wesenheiten haben nur die Macht, die ihr ihnen einräumt. Wollt ihr mit ihnen nichts zu tun haben, dann öffnet ihnen nicht die Tür! Sie üben keinen Zwang auf euch aus, sie machen euch nur Vorschläge, und ihr sagt dann ja dazu. Die meisten Menschen bilden sich ein, ihre Missgeschicke kämen von ganz alleine und unerwartet. Nein, sie selbst haben ihnen den Weg bereitet, sie eingeladen, ihnen die Tür geöffnet. Wie? Durch Begierden, Schwächen oder Verstöße, zu denen sie sich hinreißen ließen: Genau in dem Augenblick finden die Teufel die Tür offen und kommen herein. Gebt also Acht und verschließt eure Türen fest vor ihnen!

30. Ideen bestimmen unser Handeln

Ihr findet, dass es euch trotz vieler Anstrengungen nicht gelingt, euch zu verändern und dass alle guten Vorsätze nichts nützen? Verliert nicht den Mut, denn tief greifende Veränderungen können unmöglich auf einmal eintreten, sie brauchen Zeit.

Habt ihr ständig gute Vorsätze im Sinn, dann werdet ihr früher oder später so handeln, wie ihr es wünscht.

Beobachtet eine Schlange: Wenn sie in ein Loch hineinschlüpfen möchte, schiebt sie zuerst den Kopf hinein, und wie lang der Körper auch sein mag, am Ende muss wohl oder übel auch der Schwanz folgen. Da sie sich in Wellenlinien fortbewegt, mag es so aussehen, als bewege sich der Schwanz in entgegengesetzter Richtung zum Kopf, aber am Ende geht doch der Schwanz den gleichen Weg wie der Kopf. Denn sie sind nicht getrennt und der Schwanz folgt immer dem Kopf. Der Kopf symbolisiert die Fähigkeit zu überlegen, nachzudenken, ob man diese oder jene Richtung einschlagen soll. Und zwangsläufig folgt der übrige Körper, d. h. die Ausführung, die Verwirklichung, wenn man immer bemüht ist, richtig zu denken. Das ist der Vorteil. Selbst wenn ihr gegenwärtig nicht in Übereinstimmung mit euren Vorstellungen handelt, werdet ihr, falls ihr weiterhin darauf beharrt, wenigstens eine gute mentale Einstellung aufrechtzuerhalten, schließlich doch alle widerspenstigen Kräfte in euch mitziehen und so handeln, wie der Geist es diktiert.

Man hat noch nicht begriffen, wie wichtig eine gute Lebensphilosophie ist. Viele bilden sich ein, sie dürften allen möglichen Ideen gegenüber aufgeschlossen sein, ohne dass dadurch ihr Verhalten verändert würde. Nein, sie haben noch nicht verstanden, dass der Schwanz dem Kopf folgt! Also, Vorsicht, jeder muss täglich die Gedanken überwachen, die er in seinen Kopf hineinlässt. Sind sie anarchistisch und unmoralisch, dann wird eines Tages auch sein Verhalten anarchistisch und unmoralisch sein. Dieses Gesetz gilt für das Böse wie für das Gute.

31. Unsere Anstrengungen zählen mehr als die Ergebnisse

Vom Standpunkt des Himmels aus zählen nicht die von euch erzielten Erfolge, sondern eure Anstrengungen, denn nur die Anstrengungen halten euch auf dem richtigen Weg, während die Erfolge euch oft dazu bringen, weniger aufmerksam zu sein. Selbst wenn ihr erfolglos wart und keinerlei Ergebnis erzieltet, macht es nichts: Ihr habt wenigstens gearbeitet.

Verlangt also nicht nach Erfolg, er hängt nicht von euch ab, sondern vom Himmel, der ihn euch gibt, wenn er es für richtig hält. Was von euch abhängt sind die Bemühungen, denn die kann der Himmel euch nicht abnehmen. Genauso wie niemand für euch essen kann, kann auch der Himmel nicht für euch »essen«, d. h. Anstrengungen für euch machen; das bleibt eure Aufgabe. Und euren Erfolg, den bestimmt er, wann und wie er will, je nachdem, was er für eure Entwicklung als vorteilhaft erachtet.

Übrigens tragen die Bemühungen schon in sich selbst ihren Lohn. Nach jeder Anstrengung, nach jeder Gedankenübung erhält das Leben eine andere Farbe und einen anderen Geschmack. Also arbeitet, ohne je eine Frist für die Verwirklichung eures spirituellen Bestrebens zu setzen. Denn wenn ihr eine Frist festsetzt, wann ihr dieses oder jenes Ergebnis eurer inneren Arbeit erreicht haben wollt, wann ihr den einen oder anderen Fehler beseitigt haben wollt, dann verkrampft ihr euch nur, und eure Entwicklung geht nicht so harmonisch vonstatten. Man muss an seiner Vervollkommnung arbeiten, ohne einen Termin festzusetzen; vielmehr soll man sich sagen, dass man die Ewigkeit vor sich hat und eines Tages die ersehnte Vollkommenheit bestimmt erreichen wird. Beschäftigt euch nur mit der Schönheit der Aufgabe, die ihr euch selbst gestellt habt und sagt euch: »Weil es so schön ist, will ich nicht wissen, wie viele Jahrhunderte oder Jahrtausende ich brauche, damit es mir gelingt!«

32. Akzeptiert Misserfolge

Wer spürt, dass es ihm nicht gelingt, die guten Eigenschaften zu offenbaren, an denen er arbeitet, darf nicht mutlos werden oder sich auflehnen. Angesichts von Misserfolgen soll man demütig sein, sonst zeigt man, dass man nicht richtig denkt. Schuld daran ist immer die niedere Natur, der es gelang, sich in uns genau dann zu manifestieren, als sie günstige Bedingungen vorfand. Einen Misserfolg kann man sich so vorstellen, dass der Himmel zu bestimmten Personen oder Begleitumständen gesagt hat: »Geht und beißt ihn ein wenig, sagt ihm ein paar verletzende Worte, damit wir sehen, was geschieht.« Und daraus resultiert ein Wirrwarr, der beweist, dass ihr noch nicht bereit wart, die Prüfungen durchzustehen. Misserfolge dürfen euch weder traurig machen noch entmutigen, sonst zeigt das, dass ihr nur anmaßend seid und euch Dinge wünscht, die ihr noch nicht verwirklichen könnt. Wenn ihr die Enttäuschung nicht überwindet, zerstört ihr euch schließlich dadurch. Ihr dürft traurig werden, aber nur über Misserfolg oder Unglück der anderen, nicht über eure eigenen unerfüllten Wünsche, Ambitionen und Ansprüche.

Wenn ihr feststellt, dass es euch noch nicht gelingt, eine Tugend zu erarbeiten, eine Schwäche zu besiegen oder über eine schlechte Angewohnheit zu triumphieren, dann lehnt euch nicht auf oder seid entmutigt, sondern sagt euch: »Das kommt daher, dass ich in der Vergangenheit nicht richtig gearbeitet habe, deswegen ist jetzt alles so schwierig!« Und nachdem ihr das gesagt habt, macht ihr euch sofort wieder an die Arbeit. Ja, selbst wenn ihr nur noch ein einziges Jahr zu leben habt, müsst ihr immer weitermachen und weitermachen. Dann seht ihr alle Veränderungen, die danach eintreten. Denn man nimmt in die andere Welt alle spirituellen Errungenschaften mit sich, wenn man aufrichtig versucht hat, sich zu vervollkommnen.

33. Mit Hilfe der Vorstellungskraft an sich selbst arbeiten

Oft fühlt man sich unglücklich und mutlos, wenn man feststellt, wie schwer es ist, seine Schwächen zu überwinden. Anstatt sich mit seinen Schwächen zu beschäftigen, die von Ausschweifungen der Vergangenheit herrühren, sollte man sich lieber darum kümmern, was für die Zukunft zu tun ist und sich sagen: »Ich möchte jetzt alles wiedergutmachen, alles wieder aufbauen«, und jeden Tag in dieser Richtung mit unerschütterlichem Glauben und absoluter Überzeugung arbeiten. Das bedeutet, alle uns von Gott mitgegebenen Werkzeuge – die Vorstellungskraft, das Denken und das Fühlen – einsetzen und sich neu erschaffen, neu gestalten, so wie man gerne sein würde. Stellt euch vor, wie ihr von Licht umgeben seid und wie ihr alle Menschen, die es brauchen, mit eurer Liebe und eurer Freigebigkeit unterstützt und dabei allen Schwierigkeiten und Versuchungen widersteht.

Nach und nach werden die Bilder, die ihr von diesen Tugenden formt, lebendig, wirken auf euch und verwandeln euch. Gleichzeitig ziehen sie aus dem Universum passende Teilchen an, und lassen diese in euch einfließen. Natürlich erfordert es viel Zeit und Arbeit, bevor man ein Ergebnis erzielt, aber eines Tages ist es da, daran kann es keinen Zweifel geben. Ihr spürt über euch eine lebendige Wesenheit, die euch schützt, belehrt, reinigt, erleuchtet und euch in schwierigen Situationen die nötige Unterstützung gibt. Formt ihr über eine lange Zeit dieses Bild von Vollkommenheit auf der Mentalebene, dann steigt es nach und nach auf die physische Ebene herab, wo es Gestalt annimmt.

34. Musik als Unterstützung für die spirituelle Arbeit

Lernt die Musik für eure innere Arbeit zu verwenden; sie hilft euch, alle eure besten Wünsche zu realisieren. Ihr wünscht euch so viele gute Dinge, aber ihr wisst nicht, auf welche Weise ihr sie erlangen könnt. Nun, gerade die Musik ist eine sehr wirksame Hilfe für ihre Verwirklichung. Wenn ihr Musik hört, beschäftigt euch mit dem, was ihr euch am allermeisten wünscht, anstatt eure Gedanken umherschweifen zu lassen. Wenn ihr euch Gesundheit wünscht, so stellt euch vor, dass ihr gesund seid. Bei allem was ihr tut, sei es gehen, reden, essen, stellt euch vor, ihr seid kerngesund und alle um euch herum werden durch euch heil und gesund. Wenn euch Licht und Intelligenz fehlen, so benützt die Musik dazu, euch vorzustellen, wie ihr lernt und versteht, wie das Licht in euch eindringt, und ihr es sogar ausstrahlt und andere erleuchtet. Wenn ihr Schönheit, Stärke, Willenskraft oder Beständigkeit erlangen wollt, handelt genauso. Tut diese Arbeit in allen Bereichen, wo ihr merkt, dass euch etwas fehlt.

35. Der segensreiche Einfluss einer spirituellen Gemeinschaft

Viele Menschen spüren, dass sie nicht auf dem richtigen Weg sind. Ihre Seele, ihr Gewissen lehnt sich auf, und sie beschließen, ihre Lebensweise zu ändern. Eine Zeit lang gelingt ihnen dies ein wenig, aber dann lassen sie sich wieder gehen. Danach bereuen sie, beten, fassen neue Entschlüsse... aber wieder ist es nicht von Dauer. Natürlich ist es besser als nichts, sich seines Irrweges bewusst zu werden, aber das genügt nicht. Es muss einem gelingen, an seinen guten Vorsätzen festzuhalten. Deshalb ist eine geistige Gemeinschaft, eine geistige Bruderschaft so notwendig, ja sogar unentbehrlich für unser Wohl, denn sie gibt uns die besten Voraussetzungen, um auf dem rechten Weg zu bleiben. Passiert es dann, dass man müde wird und alles aufgeben möchte, wird man ermutigt und mitgerissen, wenn man sieht, dass die anderen beharrlich bleiben.

Mit Ausnahme von wenigen außergewöhnlichen Fällen brauchen es die Menschen, unterstützt und stimuliert zu werden, denn es kommt immer der eine oder andere Augenblick, wo ihr spiritueller Eifer nachlässt. Vielleicht sagt ihr jetzt, dass ihr absolut keine Lust habt, beeinflusst zu werden, dass ihr frei sein wollt, das zu tun, was euch gefällt und ihr deswegen keinen Wert darauf legt, einer Gemeinschaft beizutreten, in der ihr euch dann begrenzt fühlt. Wenn ihr so denkt, dann seid ihr nicht klug. Wer klug ist, der versteht, dass er Schutz braucht, und er wird sich gerade in eine Lage begeben, die ihn daran hindert, Dummheiten zu begehen, ihn aber andererseits frei lässt, sich an erfolgreiche, lichtvolle Unternehmungen zu wagen.

36. Verlasst euch nur auf eure Arbeit

Sind eure Handlungen segensreich und uneigennützig, dann dürft ihr den göttlichen Gesetzen vertrauen, denn eure Bemühungen werden eines Tages belohnt! Sobald ihr ein Wort aussprecht, eine Geste macht, einen Wunsch oder einen Gedanken hegt, werden diese sofort aufgezeichnet, eingeordnet und bringen eines Tages Ergebnisse. Auf dieses Gesetz kann man sich unbedingt verlassen. Alles um euch herum kann sich ändern, nur dieses Gesetz nicht. Eure Freunde können euch verraten, eure Familie anderweitig beschäftigt sein und euch vergessen, aber dieses Gesetz wird immer bestehen, und ihr bekommt genau das, was ihr durch eure Art von Arbeit verdient habt. Verlasst euch also auf nichts anderes als auf eure Arbeit.

Ihr werdet sagen: »Aber kann man denn nicht auf den Herrn, auf die Engel, auf die Heiligen zählen?« Doch, aber unter der Bedingung, dass ihr gearbeitet habt. Wenn ihr keine Samen gepflanzt habt, wird nichts wachsen, auch wenn ihr den Herrn um Hilfe anruft. Der Herr hat Gesetze erlassen, welche die Menschen kennen müssen; und wenn sie das nicht wollen, wird Er nicht die Ordnung des Universums umstürzen, um einigen Unwissenden einen Gefallen zu tun. Pflanzt einen Samen, und die göttlichen Gesetze werden Kräfte in der Natur auslösen, die zu seinem Wachstum beitragen. Das bedeutet, dass man sich zuerst auf seine eigene Arbeit verlassen muss und erst dann auf den Herrn, d. h. auf die im Universum waltenden Gesetze.

37. Lebt in der Poesie

Wenn ihr auf die Straße oder einkaufen geht, wenn ihr mit Zug, Bus oder U-Bahn fahrt, seht ihr fast überall nur düstere, traurige, angespannte, verschlossene oder zornige Gesichter. Nun, das ist kein schöner Anblick! Selbst wenn man keinen Grund hat, traurig oder unglücklich zu sein, wird man durch diese Begegnungen unangenehm beeinflusst, und beim Nachhausekommen bringt man dieses Unbehagen mit und überträgt es auf die ganze Familie. So sind die Menschen unaufhörlich dabei, sich gegenseitig ein trauriges Leben zu schaffen. Warum geben sie sich nicht die Mühe, überall ein offenes, lächelndes, helles Gesicht zu zeigen? Sie wissen nicht, wie sie ein solches Leben voller Poesie führen könnten, das sie mit Bewunderung füreinander erfüllte. Die wahre Poesie liegt nicht in der Literatur, die wahre Poesie ist eine positive Eigenschaft des inneren Lebens. Alle lieben Malerei, Musik, Bildhauerei, Tanz und schöne Künste; warum sollte man also nicht das Innenleben in Einklang mit all den Farben, Rhythmen, Formen und Melodien bringen?

Was man beim Menschen sucht und liebt, ist Poesie, d. h. etwas Schwereloses, Lichtvolles. Man hat das Bedürfnis, es zu betrachten, es zu fühlen und es einzuatmen, etwas das beruhigt, harmonisiert und inspiriert. Aber viele Menschen haben das noch nicht erkannt und leben, ohne sich jemals um den unerfreulichen Eindruck zu kümmern, den sie in anderen hinterlassen. Widerwärtig, mürrisch, mit verbissenen Lippen, gerunzelter Stirn und misstrauischem Blick stehen sie da. Und auch wenn sie durch alle möglichen Tricks versuchen, ihr Äußeres zu verschönern, so scheint ihr schlichtes, prosaisches Innenleben doch unablässig hindurch.

Überlasst also in Zukunft die Poesie nicht nur den schreibenden Dichtern. Euer eigenes Leben soll voller Poesie sein. Ja, die neue Kunst besteht darin, zu lernen, wie man überall um sich herum Poesie verbreiten und warmherzig, ausdrucksvoll strahlend und voller Leben sein kann.

38. Sich selbst gut kennen, um richtig zu handeln

Wenn ihr euch selbst nicht gut kennt, wenn ihr keine klare Vorstellung von euren Qualitäten und Fehlern, euren Fähigkeiten und Schwächen habt, könnt ihr keinen Erfolg haben bei euren Unternehmungen und vor allem nicht mit den anderen in Harmonie leben; daraus folgen Verwicklungen, Zusammenstöße und Streitereien. Ja, man kann sogar beobachten, wie die meisten Schwierigkeiten im täglichen Leben daher kommen, dass die Menschen sich selbst nicht richtig kennen. Wie man sich verhält, wie man von den anderen beurteilt wird, wozu man fähig ist, genau davon macht man sich falsche Vorstellungen, und diese Selbsttäuschung birgt die größten Gefahren in sich. Alles was ihr privat oder öffentlich unternehmt, kann misslingen, wenn es nicht auf der Grundlage einer klaren Kenntnis eures Charakters und eurer Fähigkeiten beruht.

39. »Anfang gut, alles gut!«

Wenn ihr etwas unternehmt, so hängt die Qualität, der Erfolg oder Misserfolg eurer Arbeit von der Art ab, wie ihr den ersten Schritt macht, in welcher Verfassung und mit welcher Absicht ihr ihn macht. Vielleicht findet ihr es seltsam, dass von einem kleinen Detail eine ganze Kette von Umständen abhängen soll, aber beobachtet euch selbst genau. Verlasst ihr das Haus in einem aufgebrachten Zustand, dann löst ihr damit chaotische Kräfte aus. Und was geschieht, wenn ihr in so einem Zustand jemanden aufsucht, um eine heikle Angelegenheit zu klären? Unterwegs geraten diese Kräfte in euch in Aufruhr, und je mehr ihr euch dem Ziel nähert, desto aufgewühlter und unwohler fühlt ihr euch. Wie wollt ihr in so einem Zustand wichtige Angelegenheiten klären? Wenn ihr dagegen innerlich an euch arbeitet, um ruhig, ausgeglichen und freundlich zu sein und ihr den ersten Schritt in diesem geistigen Zustand macht, dann seid ihr – je näher ihr dem Ziel kommt – in einer immer günstigeren Verfassung, um die Angelegenheit mit der Person bestens zu regeln. Die Franzosen nennen das: »Mit dem rechten Fuß losgehen.«

40. Vermeidet es, eurer Unzufriedenheit Luft zu machen

Wenige Menschen ermessen, wie schädlich die Angewohnheit ist, allem und jedem gegenüber ihrer Unzufriedenheit Ausdruck zu verleihen und damit überall, wo sie hinkommen, die Harmonie zu stören. Unzufriedenheit ist nur in dem einen Fall akzeptabel, wenn man mit sich selbst unzufrieden ist. Wer pausenlos seine Unzufriedenheit mit Gott, dem Leben und der ganzen Welt zum Ausdruck bringt, muss wissen, dass er mit dieser schädlichen Haltung innerlich sehr schlecht beraten ist. Und da er nicht verhindern kann, dass sein Empfinden sich in seinem Verhalten und seinem Gesichtsausdruck widerspiegelt, wird sein Gesicht immer düsterer, sein Blick finsterer, seine Stimme härter und seine Bewegungen schroffer, und so macht er sich bei anderen unsympathisch. Denn selbst wenn die meisten tatsächlich dazu neigen, unzufriedene Menschen für intelligenter zu halten als andere, so findet man doch das Leben mit ihnen nicht angenehm und meidet sie. Wie sollte man auch bei Menschen bleiben, die nur den Mund aufmachen, um zu kritisieren und die Atmosphäre mit ihren Klagen und Vorwürfen zu verpesten?

41. Geht anderen mit vollen Gefäßen entgegen

In allen Ländern ist es Brauch, ein Geschenk mitzubringen, wenn man jemanden besucht. Diese sehr alte Tradition beruht auf einem Gesetz, welches verlangt, dass man andere in dem Wunsch besucht, ihnen etwas zu bringen. Wenn ihr Freunde immer mit leeren Händen aufsucht – wörtlich oder bildlich gesprochen –, so werden sie euch am Ende nicht mehr mögen, weil sie sich sagen: »Was ist denn das für ein Mensch? Wenn er kommt, ist er leer, und wenn er geht, fühlen wir uns leer.« Sie werden euch immer mehr misstrauen und sich vorsehen, bis sie euch schließlich Herz und Seele ganz verschließen. Geht nicht zu euren Freunden, wenn ihr ihnen nicht wenigstens einen freundlichen Blick, ein aufmunterndes Lächeln und ein paar warmherzige Worte mitbringen könnt, denn dies sind wirklich lebendige Geschenke. Gewöhnt euch daran, den Menschen immer das zu geben, was für sie hilfreich ist. Wisst ihr mit den positiven Kräften der Natur zu arbeiten, dann schätzt und liebt man euch.

Und weil jede Geste Magie ist, solltet ihr darauf achten, niemals jemanden zu grüßen, wenn ihr ein leeres Gefäß tragt, vor allem nicht am Morgen, denn so würdet ihr ihm ungewollt Leere, Armut und Misserfolg für den ganzen Tag wünschen. Müsst ihr unbedingt ein leeres Gefäß transportieren, so füllt etwas hinein, es braucht nichts Kostbares zu sein: Ihr könnt Wasser nehmen, was in den Augen des Schöpfers immer noch das Kostbarste ist, oder irgendetwas anderes. Grüßt dann die Menschen, denen ihr begegnet, mit dem Gedanken, ihnen Gesundheit, Fülle und Glück zu bringen.

Vergesst nie, dass in euch ein wunderbares Land zu bebauen ist, dessen Blumen und Früchte ihr an alle verteilen könnt, denen ihr begegnet. Der Wunsch, immer etwas von eurer Seele und eurem Geist herzugeben, lässt das Leben ohne Unterlass in euch sprudeln.

42. Die Hand als Ausdrucks- und Verständigungsmittel

Wie wichtig die Hand ist, wird vor allem im täglichen Leben deutlich, wo sie als Verständigungsmittel zwischen den Menschen dient. Was tun die Menschen, wenn sie sich treffen oder Abschied nehmen? Sie heben den Arm zum Gruß oder geben sich die Hand. Man muss also besonders darauf achten, was man mit der Hand gibt. Wenn ihr jemanden grüßt, so tut es mit der Absicht, ihm etwas Gutes zu geben. Wer nichts zu geben hat, zeigt, wie arm und elend er ist.

Für viele ist das Händeschütteln nur eine konventionelle Geste, sie tun es mechanisch; in diesem

Fall wäre es besser, es zu lassen. Für jene dagegen, die bewusst handeln, ist es eine äußerst bedeutende und wirksame Geste, mit deren Hilfe man Menschen ermutigen, trösten, beleben und viel Liebe geben kann. Ein Gruß muss eine wahre Kommunion sein, er soll warmherzig und harmonisch sein. Gebt ihr jemandem die Hand, so solltet ihr fühlen, wie ein Strom von euch zu ihm fließt; um das zu erreichen, könnt ihr beim Ausstrecken der Hand tief atmen (natürlich unauffällig!), denn eine gute Atmung macht den Austausch harmonisch. Wünscht ihm dann Gesundheit, Frieden und Licht.

43. Euer Blick soll das göttliche Leben ausstrahlen

Wenngleich die meisten Menschen mehr oder weniger gelernt haben, Gesten und Worte zu beherrschen (sie stürzen sich nicht auf jeden Erstbesten, der sie ärgert oder anzieht, um ihn zu schlagen oder zu küssen, und sie sagen auch nicht jedem brutal, was sie von ihm halten) so haben sie doch nicht gelernt, ihre Blicke zu beherrschen, mit denen sie pausenlos Begierde, Sinnlichkeit, Verachtung oder Feindseligkeit ausdrücken. Da auf der physischen Ebene ein Blick nicht so sichtbare Auswirkungen hat wie eine Geste oder ein Wort, wurde noch kein Mensch wegen eines Blickes verurteilt. Dennoch können bestimmte Blicke viel

Verwirrung und Schaden auf der feinstofflichen Ebene anrichten!

Aus dem Blick strömen Kräfte und Energien hervor – segensreiche oder unheilbringende, dunkle oder lichtvolle – und deshalb muss man lernen, ihn zu beherrschen, zu erziehen, damit er nur segensreich wirkt. Auch das spirituelle Leben beginnt mit der Erziehung des Blickes. Nähert euch den Menschen nur mit einem Blick voll selbstloser Liebe und Licht, der Sonne gleich, die jeden anschaut und uns belebende Schwingungen sendet. Wo ihr auch hingeht, achtet darauf, dass euer Blick aufrichtig, klar und warmherzig ist, damit die Menschen, denen ihr begegnet, durch euch Strahlen des göttlichen Lebens empfangen.

44. Erzählt eure Sorgen nicht weiter

Ihr glaubt, eure Sorgen und euer Kummer könnten bei anderen Mitleid erregen, und ihr breitet sie vor ihnen aus, in der Hoffnung, dass sie euer Schicksal interessiert. Doch sie haben nur eines im Sinn: Wie sie euch am schnellsten loswerden können! Aber ja, leider oder zum Glück ist es mit der menschlichen Natur so bestellt: Wenn ihr wollt, dass alle euch meiden, dann braucht ihr nur jeden Tag von euren Missgeschicken, Krankheiten und Sorgen zu erzählen, und ihr stellt bald fest, dass sie euch nicht lange zuhören! Wie dumm also ist solch ein Verhalten! Eure Schwierigkeiten solltet ihr lieber verschweigen! Meistens sind die anderen nicht in der Lage, euch dabei zu helfen, Lösungen für eure Probleme zu finden – warum soll man sie ihnen dann präsentieren? Sie können sowieso nichts daran ändern. Ihnen von euren Angelegenheiten zu erzählen ist reine Zeitverschwendung, und ihr verliert nur euer Ansehen, denn die Menschen schätzen euch nicht mehr. Es wird ihnen klar, dass ihr weder intelligent noch stark seid, und sie versuchen, euch aus dem Weg zu gehen.

Wollt ihr eure Freunde nicht verlieren, dann verbergt eure Sorgen vor ihnen, sprecht nicht darüber, klagt nicht, sondern verbindet euch im Geist mit allen himmlischen Mächten und allen Lichtwesen, die bereitstehen, um euch zu helfen. Dann werdet ihr viel stärker, mächtiger, lichtvoller. Die Kraft und das Licht, die von euch ausgehen, ziehen die Menschen an, weil sie spüren, dass ihr euch von den anderen unterscheidet, dass ihr eure Schwierigkeiten ertragt und den Prüfungen die Stirn bietet, ohne zu klagen. Dann bewundern sie euch und kommen zu euch, um sich ein Beispiel an euch zu nehmen und sogar neue Kräfte zu schöpfen. So habt ihr Freunde für immer.

In welchen Schwierigkeiten ihr auch immer steckt, belästigt nicht andere damit. Diese Bemühungen uneigennützig, großzügig und mutig zu sein, helfen euch nicht nur, eure Probleme besser zu lösen, sondern bringen euch auch die Unterstützung himmlischer Wesen, die sehen, welch großartige Arbeit ihr an euch macht.

45. Vermeidet Kritik – das positive Wort

Viele haben noch nicht gelernt, Gedanken und Gefühle zu beherrschen, und lassen sich in Gesprächen dazu hinreißen, alles Mögliche über den einen oder den anderen zu erzählen. Nun, ihr müsst wissen, dass eine solche Handlungsweise folgenschwer ist, denn wenn ihr jemanden verleumdet, ihm sein Ansehen und seine Ehre nehmt, kann das für ihn und seine Weiterentwicklung höchst ungünstige Folgen haben, und ihr werdet dafür vom Himmel verurteilt. Ihr könnt natürlich einwenden: »Ich habe es nur so gesagt, aber es war nicht böse gemeint.« Möglich, aber man muss wissen, dass böswillige Geister sich unserer negativen Worte bemächtigen und sie früher oder später in die Tat umsetzen. Ein Wort ist wie eine Art materieller Träger, den wir ihnen liefern und dessen sie sich zur Durchführung ihrer bösen Absichten bedienen. Dafür kann ihnen kein Vorwurf gemacht werden; es liegt an uns, ihnen nicht die Bedingungen zu schaffen, um Unheil anrichten zu können.

Es heißt also wachsam sein. Sobald es euch klar wird, dass eure Kritik und eure Anschuldigungen gegen jemanden zu weit gegangen sind, bemüht euch schnell, andere Worte, Gedanken und Kräfte zu finden, die den Schaden wiedergutmachen. Nur so bleibt ihr nicht schuldig vor dem Gesetz. In der Regel ist es besser, ein Gespräch mit positiven Worten zu beenden. Selbst wenn ihr gezwungen seid, jemandem gegenüber berechtigte Kritik zu üben, versucht mit positiven Feststellungen über ihn das Gespräch zu beenden. In jedem Menschen gibt es immer etwas Gutes; versucht also, wenigstens eine gute Eigenschaft an ihm zu finden, erwähnt sie und beendet damit das Gespräch.

Um sich selbst zu erkennen und zu wissen, wo man steht, ist es ein gutes Kriterium, die eigenen Worte zu überprüfen: Redet ihr irgendwie daher? Ist das Gesagte zusammenhanglos, übertrieben, selbstsüchtig oder böswillig? Nachdem ihr euch so selbst analysiert habt, überwacht euch. Bevor ihr sprecht, fragt euch, aus welchem Grund ihr den Mund aufmachen wollt: Ist es um Gutes zu tun, um jemanden aufzuklären, zu befreien, zu heilen? Oder um ihn irrezuführen, mit ihm abzurechnen, ihn zu demütigen und damit die Neigungen der niederen Natur zu befriedigen? Wenn Letzteres zutrifft, schweigt lieber! Ganz allgemein ist es besser, weniger zu reden. Oft werden die Menschen durch das Wort auf niederen Entwicklungsstufen festgehalten.

Seid also in Zukunft wachsam. Welchen Personen ihr auch begegnet, versucht mit ihnen über nützliche, konstruktive Themen zu sprechen, damit jeder, wenn er nach Hause geht, vom anderen denken kann: »Gesegnet sei dieser Mensch für seine guten Worte, mit denen er mir Mut machte und mir eine bessere Lebenseinsicht vermittelte, in mir den Wunsch wachrief, immer auf dem Weg des Lichtes zu bleiben!«

Die Zunge wurde den Menschen nicht gegeben, um sich gegenseitig zu schwächen oder zu vernichten. Ihre Rolle ist es, den Gefallenen aufzuheben, den im Dunkeln Tappenden zu erleuchten, und die Verirrten auf den rechten Weg zu bringen.

Die Zunge wurde den Menschen nur dafür gegeben, dass sie segnen, danken, gegenseitig Weisheit, Gerechtigkeit und Liebe austauschen. Wer den Wert dieses ihm mitgegebenen Schatzes missachtet, wird ihn eines Tages verlieren – in dieser oder in einer anderen Inkarnation.

46. Seid vorsichtig mit euren Worten

Wer redet, sollte darauf achten, dass er keine großen Worte gebraucht und sich nicht leichtfertig engagiert, denn es besteht die Gefahr, dass er beim Einlösen des Versprechens auf allergrößte Schwierigkeiten stößt.

Ein Mensch schwört, niemals mit dieser oder jener Person eine Verbindung einzugehen, nie so zu handeln wie dieser oder jener, dessen Handlungsweise er verurteilt. Und kurz darauf handelt er genauso! Warum? Weil Wesenheiten aus der unsichtbaren Welt Lust haben, diesen Menschen, der seiner Sache so sicher ist, auf die Probe zu stellen: Sie führen ihn in Versuchung, um zu sehen, wozu er fähig ist, und schon bald unterliegt er. Auf diese Weise tun viele oft genau das Gegenteil von dem, was sie feierlich behauptet oder versprochen haben. Es gibt Länder, wo es Sitte ist, mit dem Fingerknöchel auf Holz zu klopfen, nachdem man bestimmte Worte ausgesprochen hat, so, als wolle man das böse Schicksal abwenden. Dieser Brauch mag als Aberglaube gelten, er ist jedoch sehr bezeichnend. Er zeigt deutlich, dass feinfühlige Menschen unbewusst spüren, dass es immer ein wenig riskant ist, zu selbstsicher zu sein.

47. Jedes Versprechen bindet uns

Wer jemandem ein Versprechen macht, muss sich bemühen, es einzuhalten. Viele halten schöne Reden, versprechen dies und das, denn Versprechen kosten nicht viel. Natürlich ist es einfacher, etwas zu versprechen, als es dann auch zu halten. Manche kümmern sich sogar nicht einmal mehr um ihre Versprechen: Warum sollte man sie auch halten? Nun, ihr müsst wissen, dass in der Einweihungswissenschaft ein Versprechen als eine Unterschrift, eine Verpflichtung, ein Vertrag betrachtet wird. Auf der ätherischen Ebene werden diese Worte aufgezeichnet, und es ist genauso, als hättet ihr das Versprechen unterschrieben! Nichts und niemand kann euch davon entbinden, ausgenommen die Person, der ihr euch verpflichtet habt. Ist sie edel und verständnisvoll, dann kann sie euch davon entbinden, andernfalls müsst ihr es einlösen. Ihr fragt: »Wenn ich mich aber an den Himmel wende, und den Herrn bitte, mich von diesem Versprechen zu befreien?« Selbst der Herr wird es nicht tun, denn Er kann nicht die Gesetze übertreten, die Er selbst erlassen hat.

Bevor ihr ein Versprechen abgebt, ist es an euch, zu wissen, ob ihr es halten könnt. Ihr dürft nicht sagen: »Pah! Ich kann leicht etwas versprechen, das verpflichtet mich zu nichts.« Doch, genau das tut es! Auf der physischen Ebene kann vielleicht kein Beweis angeführt werden zu eurer Verurteilung, wenn ihr das Versprechen nicht unterschrieben habt, aber in der feinstofflichen Welt sind eure Worte immer noch vorhanden. Es ist natürlich kein Blatt Papier, sondern so etwas wie ein Tonfilm! Ja, ihr und eure Worte wurden aufgezeichnet.

48. Das magische Wort

Lernt, mit Liebe und Sanftmut zu sprechen. Nicht nur zu Menschen, sondern auch zu Tieren,

Blumen, Vögeln, Bäumen, zur ganzen Natur, denn dies entspricht göttlicher Gepflogenheit. Wer inspirierende, belebende Worte zu sprechen weiß, verfügt in seinem Mund über einen Zauberstab; nie wird er solche Worte vergebens sprechen, denn in der Natur ist immer eines der vier Elemente – Erde, Wasser, Luft oder Feuer – da und wartet auf den Augenblick, wo es all das, was der Mensch ausgesprochen hat, in eine Form kleiden kann. Möglicherweise geschieht die Verwirklichung weit entfernt von demjenigen, der den Samen dafür ausgesät hat, aber ihr müsst wissen, dass sie immer stattfindet. Genau wie der Wind die Samen fortträgt und in der Ferne sät, so fliegen auch unsere guten Worte davon und bringen, ohne dass unsere Augen Zeuge davon werden, wunderbare Ergebnisse hervor. Wenn ihr gelernt habt, eure Gedanken und Gefühle zu beherrschen, euch in einen Zustand von Harmonie, Reinheit und Licht zu versetzen, dann werden eure Worte Schwingungen erzeugen, die segensreich auf die ganze Natur einwirken.

49. Der lebendige Kontakt mit der Natur

Wenn wir mittels der Hand in Kontakt mit Menschen treten, können wir uns auch durch sie mit der Natur verbinden. Sobald ihr am Morgen Fenster oder Türe öffnet, grüßt mit der Hand die ganze Natur, den Himmel, die Sonne, die Bäume, Seen und Sterne. Ihr fragt: »Wozu dient das?« Es dient dazu, sich sofort mit der Quelle des Lebens zu verbinden. Denn die Natur antwortet uns. Wenn ihr an einem See, einem Berg, einem Wald vorbeigeht, grüßt sie, sprecht zu ihnen. Wenn ihr morgens das Haus verlasst, grüßt die ganze Natur und die Engel der vier Elemente – die Engel von Erde, Wasser, Luft und Feuer – und auch die Gnomen, Undinen, Sylphen und Salamander. Und sagt auch zu den Bäumen, den Steinen und dem Wind: »Seid gegrüßt! Seid gegrüßt!«

Versucht es, macht es, und ihr werdet spüren, wie in eurem Inneren etwas ins Gleichgewicht, in Harmonie kommt. Vieles, was dunkel und unverständlich war, wird euch ganz einfach nicht mehr behelligen, weil ihr beschlossen habt, die lebendige Natur und alle sie bewohnenden Wesen zu grüßen. Wenn ihr es versteht, mit der Natur lebendigen Kontakt aufrechtzuerhalten, werdet ihr spüren, wie das wahre Leben in euch pulsiert.

50. Wählt nicht das Leichte, sondern das, was die spirituelle Entwicklung fördert

Bewusst oder unbewusst neigen die Menschen dazu, mit manchen Befindlichkeiten schnell Schluss zu machen, andere dagegen zeitlich auszudehnen. Wenn man leidet und bekümmert ist, möchte man natürlich, dass es schnell vorbeigeht. Ist man aber glücklich, dann möchte man, dass es ewig dauert. Das ist ganz normal. Leider äußert sich diese Tendenz nicht immer dann, wenn es angebracht wäre, und sie nimmt nicht immer die richtige Richtung. Wenn es gilt zu arbeiten, sich anzustrengen, nachzudenken, sich mit dem Himmel zu verbinden, möchte man, dass es schnell vorbei ist. Aber wenn es sich um Essen, Trinken, Zeitvertreib und Vergnügen handelt, kann es einem nie lange genug dauern. So allerdings verhält sich kein wahrer Spiritualist. Wenn er etwas Angenehmes empfindet, das ihn innerlich jedoch nicht bereichert, kürzt er das Ganze ab oder unterbricht es sogar. Aber wenn er eine Arbeit verrichten oder Belastung auf sich nehmen muss, versucht er diese zeitlich auszudehnen. Denn er hat verstanden, welcher Reichtum und welche Tiefe in jeder Bemühung verborgen liegen, während Freuden und Vergnügungen oft nur dazu dienen, ihn zu betäuben, schwach zu belassen oder von der Wahrheit abzubringen.

Gewöhnt euch also an, vor jeder sich euch bietenden Möglichkeit folgende Frage zu stellen: »Wird dadurch meine Entwicklung gefördert?« Wenn ihr seht, dass nicht viel dabei herauskommt, dass es vor allem Zeit- und Energieverschwendung bedeutet, so haltet euch nicht damit auf. Das Leben bietet alle möglichen Versuchungen, und wenn man noch nicht gelernt hat, sich so zu beherrschen, dass man ihnen widerstehen kann, unterliegt man und bereut es, weil man spürt, dass man sich geschwächt und erniedrigt hat. Viele Irrtümer könnten vermieden werden, würde man sich vor jedem Abenteuer fragen: »Wenn ich dieses oder jenes tue, befriedige ich meine Wünsche; gut, aber wie wirkt es sich auf mich und meine Umgebung aus?« Wer sich diese Fragen nicht stellt, ist danach erstaunt über das, was ihm geschieht. Er braucht nicht erstaunt zu sein, es war vorher abzusehen, was ihm geschieht, denn die Folgen sind immer vorhersehbar.

51. Dank der Widerstände machen wir Fortschritte

Hört auf, über Schwierigkeiten und Hindernisse zu klagen, denen ihr im Leben begegnet, denn sie geben euch die Möglichkeit voranzukommen. Warum können Schiffe im Wasser vorwärts kommen und Flugzeuge in der Luft fliegen? Weil Wasser und Luft Widerstände sind. Es ist unmöglich voranzukommen, wenn nicht eine Materie da ist, die einen gewissen Widerstand darstellt. Hindernisse und Schwierigkeiten spielen die gleiche Rolle wie Luft und Wasser. Sie sind Teil der natürlichen Ordnung, und wir müssen wissen, wie wir sie für unser Vorankommen nützen können.

Habt ihr bei Gebirgsausflügen nie beobachtet, dass es die Unebenheiten sind, an denen ihr euch festhaltet und die euch den Aufstieg ermöglichen? Warum wünscht ihr euch dann, dass euer Leben glatt verläuft, dass es keine Unebenheiten aufweist? Wenn es so wäre, würdet ihr den Gipfel niemals erreichen und was für eine unliebsame Talfahrt würdet ihr besonders beim Abstieg erleben... Das Leben ist zu eurem Glück voller Unebenheiten. Ihnen verdankt ihr, dass ihr noch am Leben seid. Man soll sich also nie wünschen, dass das Leben glatt verläuft, ohne Leiden, Unannehmlichkeiten, Kümmernisse oder Feinde, sonst kann man sich nirgendwo festhalten beim Hinaufklettern und rutscht ab. Alle, die sich ein bequemes und verschwenderisches Leben wünschen, sind sich nicht im Klaren darüber, dass sie damit in Wirklichkeit ihr eigenes Unglück herbeiwünschen.

52. Flüchtet nicht vor Anstrengung und Verantwortung

Wer glaubt, seinen Verantwortungen und Verpflichtungen entgehen zu können, um ein angenehmeres Leben zu genießen, kennt nicht die strengen, das Schicksal regierenden Gesetze. Der eine kann seine Familie nicht leiden, findet seine Arbeit mühsam und seine Umgebung langweilig und möchte sie verlassen. Ein anderer flüchtet vor allen gesellschaftlichen Verantwortungen. Ihres Ehemannes überdrüssig sucht sich eine Frau einen anderen Mann, der unterhaltsamer und verführerischer ist. Nun, eine solche Einstellung ist nicht empfehlenswert. Natürlich ist es nicht ausdrücklich verboten, seine Arbeit, seine Umgebung oder sogar seine Familie zu verlassen, aber man darf es erst tun, wenn man alle seine Verpflichtungen ihnen gegenüber erfüllt hat, sonst wird man vom göttlichen Gesetz dazu gezwungen, allen, die man nicht ertragen konnte, in einer nächsten Inkarnation wieder zu begegnen. Wenn ihr jemanden nie mehr wiedersehen wollt, so begleicht alle eure Schulden ihm gegenüber, und ihr werdet ihn nie mehr wiedersehen. Dieses Gesetz kennen die Menschen nicht. Sie tun alles, um jemanden zu verlassen, der ihnen angeblich das Leben sauer macht, um die Verbindung mit ihm abzubrechen, aber wie oft schon hat das Karma einen Menschen dazu gezwungen, seine Eltern, seine Frau, seine Kinder oder seinen Chef in einer nächsten Inkarnation wieder zu treffen!

Wenn das Schicksal uns ganz bestimmten Lebensumständen aussetzt, so gibt es einen Grund dafür. Wir müssen den Schwierigkeiten der äußeren Welt gegenüber widerstandsfähig werden. Und wie macht man das? Wie Sportler, die jeden Tag trainieren, wie Bergsteiger, Forschungsreisende oder Seefahrer, die sich darin üben, Hitze und

Kälte, Müdigkeit und Nahrungs- oder Schlafmangel zu ertragen und fähig sind, Unwettern und den größten Gefahren die Stirn zu bieten. Übt auch ihr euch darin durchzuhalten, zu widerstehen – natürlich nicht so sehr körperlich, als vielmehr psychisch und moralisch. Wenn ihr jedoch an einen Punkt kommt, wo ihr die Situation nicht mehr ertragen könnt, so entfernt euch ein wenig, kommt jedoch wieder zurück, um so lange weiterzumachen, bis ihr wirklich standhaft geworden seid.

Wenn ihr es versteht, den schwierigeren Weg zu wählen, schickt euch der Herr helfende Engel. Aber wenn ihr euch für den leichten Weg entscheidet, so müsst ihr eines Tages wiederkommen, um alle Verantwortungen zu übernehmen, denen ihr aus dem Weg gegangen seid.

53. Mit einer Entschuldigung ist es nicht getan, wir müssen für unsere Fehler einstehen

Wenn ihr euch jemandem gegenüber schlecht verhalten habt, genügt es nicht, um Entschuldigung zu bitten. Ihr müsst auch den Fehler wiedergutmachen. Nur so könnt ihr euch von der Schuld befreien. Es reicht nicht, zu dem Geschädigten zu sagen: »Es tut mir Leid, entschuldigen Sie bitte.« Das göttliche Gesetz verfolgt euch so lange, bis ihr das ihm zugefügte Unrecht wiedergutgemacht habt. Ihr wendet ein: »Aber wenn mir der andere verzeiht?« Nein, so einfach lässt sich die Angelegenheit nicht regeln, denn Gesetz und Person sind zweierlei. Der Mensch verzeiht euch vielleicht, aber das Gesetz nicht. Es bleibt euch auf den Fersen, bis ihr Wiedergutmachung leistet. Die Person, die euch verzeiht, zeigt damit natürlich Edelmut und Großzügigkeit, sie befreit sich von den Qualen, die sie im niederen Astralbereich festhielten. Jesus sagte darum, man solle seinen Feinden verzeihen, damit der Mensch sich auf diese Weise von den negativen Gedanken und Rachegelüsten befreit, die ihn aufzehren. Aber das Verzeihen regelt noch nicht die Angelegenheit, es befreit nur den Misshandelten, aber nicht den, der ihn misshandelte. Um euch zu befreien, müsst ihr eure Fehler wiedergutmachen.

54. Schwierigkeiten fördern die Intelligenz

Schwierigkeiten stellen für denjenigen, der sie zu benutzen weiß, die besten Voraussetzungen für seine Entwicklung dar. Meistens jedoch jammert und klagt man, anstatt die Schwierigkeiten genau zu untersuchen, um herauszufinden, wie man sie überwinden könnte. Und das nur, weil man noch nicht erkannt hat, warum das Gehirn seinen Platz am höchsten Punkt des Körpers hat! Hätte man das begriffen, würde man sich bemühen, immer zum Verstand, zum Licht, zur Intelligenz hinaufzustreben, anstatt unten auf der Ebene des Herzens und in den Emotionen zu bleiben, wo man leidet und weint.

Wenn euch zum Weinen zumute ist, dann sagt zu euch selbst: »Weine dich nur aus. Schau, ich lege sogar schon die Taschentücher bereit, aber warte einen Augenblick, ich muss vorher nachdenken.« Ihr denkt nach, sucht die Lösung und findet sie viel schneller, als wenn ihr euch dem Kummer hingegeben hättet. Tut ihr das nicht, dann jammert ihr ein paar Stunden lang, bis ihr erschöpft seid. Dann werdet ihr natürlich ruhiger, aber ihr seid auch nicht weiter als vorher, im Gegenteil: Die Energie ist verpufft, und die Schwierigkeiten sind immer noch da. Und am nächsten Tag geht es wieder von vorne los. Anstatt euch also immer von euren Gefühlen zu sehr beherrschen zu lassen, legt sie beiseite und bemüht euch, eine andere Region in euch zu erreichen, eine spirituelle Region, die der reinen Vernunft, der reinen Weisheit und des reinen Lichtes.

Zwanzig, dreißig Mal am Tag bietet sich uns eine Gelegenheit zum Üben. Dabei handelt es sich um sehr günstige Gelegenheiten, mit deren Hilfe viele, scheinbar unangenehme Umstände wahrhaftig zu unserem Wohl beitragen können. Das Leben enthält alles, was die Menschen zum Lernen brauchen. Die Weisen denken über alles nach, lernen durch alles und verwenden alles zum Guten. Die anderen hingegen, denen das Licht fehlt, wissen die guten Gelegenheiten nicht zu nutzen; sie übersehen sie, nützen sie nicht und schaffen es sogar, dass die guten Dinge sich gegen sie richten. Wenn ihr also bewusst lebt und wachsam seid, werden alle Prüfungen zu eurer Entwicklung beitragen, weil ihr sie zu nutzen wisst. Ihr sagt dann: »Ach, da ist ja wieder eine gute Gelegenheit!« Und je mehr solcher Gelegenheiten ihr habt, desto mehr entwickelt ihr Klarheit, Umsicht und Intelligenz.

55. Für jedes Problem gibt es einen Schlüssel

Gestern gelang es euch, ein bestimmtes Problem zu lösen, aber heute taucht schon wieder ein neues auf. Da jedes Problem seine eigene Lösung verlangt, könnt ihr heute bestimmt nicht die gleiche Lösung wie gestern anwenden. In eurem Haus hat jedes Türschloss einen eigenen Schlüssel. Da ihr nicht alle Türen mit demselben Schlüssel aufschließen könnt, müsst ihr jeweils den passenden Schlüssel finden. So passen auch im psychischen Leben verschiedene Schlüssel zu verschiedenen Türen. Wenn man immer den gleichen Schlüssel verwenden will, steht man vor verschlossenen Türen. Die drei wichtigsten Schlüssel sind die Liebe, die Weisheit und die Wahrheit. Die Liebe öffnet das Herz, die Weisheit den Verstand und die Wahrheit den Willen. Steht ihr vor einem Problem, dann probiert sie alle drei aus. Passt der erste Schlüssel nicht, dann nehmt den zweiten, und wenn auch dieser die Türe nicht aufschließt, den dritten.

Wir haben jeden Tag das Bedürfnis zu essen, zu trinken, zu schlafen, uns anzuziehen, zu arbeiten, spazieren zu gehen, zu lesen, Musik zu hören, Menschen zu begegnen, nachzudenken, zu lieben, zu bewundern... Die kosmische Intelligenz erweckt in uns diese Bedürfnisse und stellt uns so vor allerlei zu lösende Probleme, damit wir lernen, uns in allen Bereichen und auf allen Ebenen weiterzuentwickeln. Mit jedem neuen Bedürfnis taucht ein neues Problem auf, dann wieder eines und noch eines, und jedes Mal wird von uns eine passende Lösung erwartet. In der Welt tauchen immer wieder neue Bedürfnisse auf und schaffen neue Probleme und damit auch neue Aktivitäten. Die Ursache dafür liegt im Leben selbst, denn es fließt, kreist, bringt Dinge in Bewegung, und der Mensch muss mit diesem Strom mitgehen. Man muss einmal durch diese Gegend, einmal durch jene hindurch, oder aber die Richtung des Stromes muss geändert werden, so wie das bei manchen Flüssen gemacht wird. Das Leben lässt nicht zu, dass wir auf der Stelle treten, es zwingt uns, durch alle möglichen Gebiete zu gehen und lehrt uns damit, der Dinge bewusst zu werden, sie zu verstehen, zu fühlen und auf alle möglichen Arten zu handeln. Man wird also dauernd gezwungen, Lösungen für neue Probleme auszuklügeln, die das Leben uns präsentiert. Aber – wie schon gesagt – diese Probleme lassen sich den drei Hauptbereichen des Willens, des Herzens und des Verstandes zuordnen, oder anders ausgedrückt: dem Bereich des Körpers, der Seele und des Geistes.

56. Haltet euch nicht zu lange bei den Unannehmlichkeiten des Lebens auf

Wütend werden, weil jemand etwas sagte, das euch missfiel, weil ihr einen Gegenstand teurer bezahlen musstet als erwartet, weil die Suppe versalzen ist oder euch jemand einen Gegenstand verlegt hat, und sich bei so kleinen Unannehmlichkeiten aufzuführen, als wären sie Katastrophen, ist wirklich unsinnig. Lernt lieber, kleine Unannehmlichkeiten des Lebens all den Reichtümern gegenüberzustellen, die die Vorsehung so großzügig an uns verteilte. Stattdessen tut man das Gegenteil: Man vergleicht ständig das Wenige, das man hat mit dem, was der Nachbar besitzt. »Oh! dieser da hat schon ein Auto, und ich nur ein Fahrrad!... Ach! Sie hat einen Diamanten und ich nur falsche Perlen!«... Wenn man schon unbedingt Vergleiche anstellen will, warum übersieht man dann die Vorteile, die man im Vergleich zu so vielen Menschen hat, die mittellos, unglücklich und krank sind?

Ihr erwidert, dass ihr Gründe habt, unzufrieden zu sein, weil ihr überall nur Misserfolge erlebt, weil ihr keine Zukunftsaussichten habt usw. Doch gleicht kein Tag dem anderen; und wenn heute auch die Sonne hinter Wolken versteckt ist, so seht ihr sie morgen aufgehen, und dann lächelt euch alles zu. Nun wendet jemand ein: »Ja, aber ich bin schon alt, was kann ich da noch erhoffen?« Wisst ihr nicht, dass ihr eines Tages wieder als kleines Kind voller Hoffnungen auf die Erde zurückkommt, und dass ihr dann, bereichert durch die Erfahrungen der Vergangenheit, ein neues Leben beginnt?

Auf alles, was ihr wegen eurer Traurigkeit und Mutlosigkeit einwenden könnt, finden sich Antworten. Nur muss man den Willen haben, die Dinge anders zu betrachten. Dies gelingt, wenn man richtig denkt. Haltet vor jedem Ereignis, vor jeder Situation einen Augenblick inne, um beide Seiten zu betrachten: die negative (da ihr ja Wert darauf legt, dass sie in Betracht gezogen wird), aber auch die positive. Man soll sich allerdings nichts vormachen und behaupten, alles sei in Ordnung, aber ebenso muss man sich weigern, nur die schwarze Seite des Lebens zu sehen. Ihr denkt: »Ach, das wissen wir doch schon alles.« Wirklich? Dann tut es doch, wenn es so einfach ist! Wenn ihr euch selbst genau beobachtet, stellt ihr bald fest, dass ihr nur allzu oft vergesst, richtig zu denken.

57. Leiden als Warnung

In uns wohnen Wesen, die damit beauftragt sind, über uns zu wachen. Wenn wir im Begriff sind, etwas in unserem Körper, in unserem Herzen oder in unserem Verstand zugrunde zu richten, so beginnen diese Wesen, uns zu pieksen und zu beißen, als wollten sie damit sagen: »He, komm auf den rechten Weg zurück!« Ja, das ist der Sinn des Leidens: Es kommt nur, um uns zu zeigen, dass wir von den guten Lebensbedingungen weggekommen sind, in denen alles klar und leicht verlief.

Das Leiden ist also ein von der unsichtbaren Welt zur Rettung geschicktes Wesen, und einen Retter bekämpft man nicht. Je mehr man das Leiden bekämpft, desto schrecklicher wird es. Es sagt: »Aha, du willst also nicht verstehen? Warte nur«, und das Leiden nimmt zu. Sobald man aber verstanden hat, worum es geht und entschlossen ist, Fehler zu verbessern, wird dem Leiden befohlen, sich zurückzuziehen, denn es hat seine Arbeit getan, es hat seinen Auftrag erfüllt. Anstatt sich also aufzulehnen und gegen das Leiden zu kämpfen, sollte man seine Gedanken ein wenig ordnen und dem Herrn sagen: »Herr, dahin hat mich nun meine törichte Lebensweise gebracht. Ich sehe es jetzt ein und möchte es besser machen; gewähre mir einen Kredit und Bedingungen, damit ich alles wiedergutmachen kann, um mich in Deinen Dienst zu stellen.« Das ist das einzig Richtige. Sich auflehnen ist dumm. Das Leiden kommt nicht zufällig, und es will sich weder an uns rächen noch uns bestrafen; dieser Diener Gottes will uns nur vorwarnen.

Das Leiden ist nicht zu vermeiden, und man sollte es lieber ertragen und vorankommen, als leiden und der Gleiche bleiben. Viele Menschen leiden, ohne auch nur zu wissen warum. Es ist schrecklich, Prüfungen durchzumachen, ohne jemals zu verstehen wozu und warum. Das kann ewig so weitergehen. Versucht also in Zukunft wenigstens zu verstehen, warum ihr leidet, denn nur so könnt ihr euch befreien und vorankommen.

58. Dankt für die Prüfungen

Viele Menschen lehnen sich gegen Gott auf, sobald sie vor eine Schicksalsprüfung gestellt werden: »Wie kann man ausgerechnet mir das antun!« Ja, gerade euch! Ihr müsst es akzeptieren und versuchen, daraus die nützlichsten Elemente für euren geistigen Fortschritt zu gewinnen. Ihr müsst wissen, dass es beim gegenwärtigen Entwicklungsstand der Erde und bei der Evolutionsstufe der Menschheit unmöglich ist, ohne Leiden zu leben. Die Erde ist zugleich eine Besserungsanstalt und eine Lehrwerkstätte. Das Leiden ist daher unumgänglich, und wenn ihr es akzeptiert, fördert ihr in euch verborgene Kräfte, die im Inneren eine große Arbeit leisten.

Wenn ihr es einmal schwer habt, sagt euch, dass ihr in euch selbst die Mittel besitzt, um diese Prüfung zu meistern, weil ihr ein Kind Gottes seid. Prüfungen soll man lieben. Aber sie »lieben« heißt nicht, dass man ihnen nachlaufen soll (sie kommen sowieso, ohne dass ihr sie sucht), sondern es bedeutet nur, dass man sie gut hinter sich bringen soll. Das ist nur möglich, wenn man lernt, dafür zu danken und dankbar zu sein, weil sie sinnvoll sind.

Ja, wenn man sich gegen die göttliche Gerechtigkeit auflehnt, belastet man sich nur noch mehr. Um die Last zu erleichtern, muss man dem Himmel danken. Ihr fragt: »Was, ich soll dem Himmel auch noch danken, wenn ich unglücklich, krank und elend bin?« Ja, dahinter steht ein großes Geheimnis: Selbst wenn man unglücklich ist, sollte man einen Grund zur Dankbarkeit suchen. Seid ihr arm und elend? So dankt, dankt und freut euch, dass andere in Reichtum und Überfluss leben und ihr werdet sehen was geschieht. Schon nach kurzer Zeit öffnen sich Türen, und der göttliche Segen ergießt sich allmählich über euch.

Lernt man, für Prüfungen zu danken, so ist dies die beste Möglichkeit, sie zu verwandeln. Wenn ihr euch auflehnt, zeigt ihr damit nur, dass ihr hochmütig seid; und ihr könnt die Prüfungen nicht in Gold oder Edelsteine verwandeln. Wenn ihr aber sagt: »Oh Herr, ich danke Dir. Was mir zustößt, kommt nicht von ungefähr, ich habe sicher etwas zu lernen, ich bin nicht vollkommen und habe bestimmt Dummheiten gemacht«, dann fühlt ihr mit einem Mal, dass sich dank eurer Demut etwas gebessert hat. Versucht es, und ihr werdet sehen.

Man muss begreifen, dass man sich die Schwierigkeiten zunutze machen soll und sich sogar freuen, auch wenn es anscheinend keinen Grund zur Freude gibt. Diese Einstellung gibt euch die Möglichkeit, eure Schwierigkeiten zu meistern und zu überwinden, das Leben aus einer höheren Warte zu sehen und stets Herr der Lage zu sein. Und angesichts eurer Stärke, eurer Seelenkraft spricht die Vorsehung: »Nehmt da ein Hindernis vor ihm weg und erspart ihm dort jenes Leid.« Bis zu dem Tag, an dem der Weg frei ist von allen Hindernissen.

59. Die Prüfungen des Lebens zwingen uns, die eigenen Kraftquellen zu nutzen

Viele Leiden und Prüfungen im Leben werden uns von der unsichtbaren Welt geschickt, damit wir gezwungen sind, uns auf die eigenen spirituellen Kräfte zu verlassen. Solange wir satt, reich und mit Gütern überhäuft sind, bleiben wir an der Oberfläche der Dinge. Einsamkeit und Traurigkeit hingegen drängen uns dazu, in uns zu gehen, um neue Kraftquellen zu erschließen. Ziel und Zweck der Einweihung ist es, den Menschen zu lehren, in sich zu gehen, um dort den wahren Reichtum, die wahre Kraft und den wahren Halt zu finden. Früher vollzog sich die Einweihung in den Tempeln. Jetzt findet sie überall im täglichen Leben statt und gerade wenn sie am wenigsten erwartet wird. Ihr denkt: »Aber warum warnt uns denn die unsichtbare Welt nicht durch Zeichen, bevor wir Prüfungen durchzumachen haben?« Weil unvorhergesehene Situationen uns zwingen, noch tiefer in uns zu gehen und noch größere Anstrengungen zu machen.

Ihr alle habt Prüfungen zu bestehen, und ihr solltet euch darüber freuen, denn sie stellen neue Reichtümer dar. Wer nicht gelitten hat, ist arm und hat keine Farben – symbolisch gesprochen – um Bilder zu malen. Wer aber gelitten hat, kann alle durchlebten Empfindungen benutzen, um Bilder zu malen. Große Genies und alle, die in ihrem Leben etwas Wertvolles vollbrachten, mussten viel Leid ertragen. Sie verfügten über »schwarze Tinte«, aus der sie die schönsten Farben herauszogen.

60. Denkt daran, dass Leid vorübergeht

Vor jeder auftauchenden Schwierigkeit sollt ihr euch sagen: »Ach, das dauert nicht ewig, nach einiger Zeit ist es vorbei.« Seid ihr skeptisch?

Glaubt ihr nicht, dass das etwas nützt? Doch, das ist eine wirksame Formel, ich habe es selbst ausprobiert. Allein der Gedanke, dass Missgeschicke vergehen, hilft schon, sie zu ertragen. Und übrigens stimmt es: Sie dauern nicht ewig. Zwanzig, dreißig oder vierzig Jahre sind ja keine Ewigkeit. Man muss nur Geduld haben. Außerdem wart ihr es meistens selbst und habt jahrelang dazu beigetragen, euch in ausweglose Situationen zu bringen. Und dabei habt ihr euch als geduldig und ausdauernd erwiesen, ja, ihr wart ein Muster an Ausdauer! Nun müsst ihr auch jetzt Geduld zeigen, um euch wieder in Ordnung zu bringen. Gutes wie Schlechtes braucht Zeit, um sich zu manifestieren. Was immer es auch für Prüfungen sind, sagt euch: »Das ist nur eine schwierige Zeit, die überstanden werden muss, bald bleibt von all dem nichts mehr übrig, denn ich habe jetzt die Mittel zur Neugestaltung meiner Zukunft, um auf göttliche Weise zu leben.« Und dann macht ihr euch wieder an die Arbeit!

61. Richtet euren Blick nach oben

Bei Schwierigkeiten seid ihr gewohnt, euch auf sie zu konzentrieren: Ihr seht nichts anderes mehr, kaut immer wieder alles durch, was nicht klappt, alles, was eurer Meinung nach Sorgen, Unsicherheiten und Kümmernisse verursacht. Es ist aber keine gute Methode, immer nur nach unten zu schauen. Versucht doch, euren Blick nach oben zu lenken, dorthin wo Licht, Weisheit und Schönheit sind, und alles, was eure Seele dazu anregen kann, Mittel zur Überwindung der Schwierigkeiten zu finden! Sorgen und Kümmernisse wird es immer geben, sie bleiben euch nicht erspart. Um sie zu überwinden, müsst ihr das Gleiche tun, was man auch gegen Unwetter und Insekten tut: Ihr müsst euch entsprechend ausrüsten. Gegen den Regen nehmt ihr einen Schirm, gegen die Kälte zieht ihr warme Kleider an oder baut eine Heizung ein und gegen Mücken habt ihr ein Moskitonetz oder ein Insektenspray. Nun, um Schwierigkeiten zu überwinden, müsst ihr nach oben blicken, um dort Licht und Kraft zu schöpfen. Nur so gelingt es euch, sie zu überwinden.

62. Die Methode des Lächelns

Wenn ihr euch nicht besonders wohl fühlt, weil ihr euch habt gehen lassen aufgrund schlechter Nachrichten oder weil euch jemand beleidigt hat, dann gibt es dagegen eine wunderbare Methode: Bedient euch der Macht des Lächelns. Selbst wenn ihr allein seid, versucht zu lächeln, um euch selber zu zeigen, dass ihr über allen Schwierigkeiten steht. Stellt euch vor, ihr seid unverwundbar, unsterblich, ewig, und, wenn ihr an einem Spiegel vorbeikommt, lächelt euch selbst zu. Mag sein, dass anfangs das Lächeln etwas verzerrt ist, aber das macht nichts, es wird schon besser werden. Denn hinter der Methode des Lächelns steht die Methode der Liebe. Sobald ihr euch für diese Methode entscheidet, fühlt ihr euch schon besser, und wenn ihr euch besser fühlt, findet ihr leichter die Lösung eurer Probleme.

63. Die Methode der Liebe

Wenn ihr euch aufgeregt, ängstlich oder unglücklich fühlt, so versucht dagegen anzugehen. Anstatt euch zu quälen oder andere in Unruhe zu versetzen, bleibt still und beginnt ein paar Mal tief durchzuatmen. Sprecht dann ein liebevolles Wort aus, macht eine liebevolle Geste, sendet einen liebevollen Gedanken... Ihr stellt dann fest, dass nun weit weggejagt wurde, was in euch gärte und faulte. Weil ihr die Liebe herbeigerufen habt, habt ihr in euch eine Quelle erschlossen. Lasst sie jetzt wirken und sie wird alles reinigen. Ihr seht, es ist einfach, es genügt, sein Herz zu öffnen und die Liebe arbeiten zu lassen. Versucht es und ihr werdet euch fragen, warum ihr diese Methode noch nie angewendet habt. Wenn die Menschen von der Liebe reden hören, lachen sie, sie betrachten sie als ein Spiel, anstatt sie als Heilmittel anzuwenden.

Ein mit Liebe erfülltes Leben lässt uns in einem sehr gehobenen Bewusstseinszustand leben, der sich in allen Handlungen im Leben widerspiegelt. Es ist ein Zustand, der alles in euch harmonisiert, der euch im vollkommenen Gleichgewicht hält, eine Quelle von Freude, Kraft und Gesundheit ist.

64. Was uns die Perlenauster zu sagen hat

Wie stellt die Auster eine Perle her? Am Anfang steht ein Sandkorn, das in die Austernschale hineinfiel, und dieses Sandkorn bereitet ihr große Schwierigkeiten, es stört sie: »Ach«, sagt sie, »wie kann ich es nur loswerden, es kratzt und juckt mich! Was kann ich nur tun?« So beginnt sie nachzudenken. Sie konzentriert sich, meditiert, bittet um Rat, bis sie begreift, dass es ihr niemals gelingt, dieses Sandkorn hinauszuwerfen, dass sie es aber so einhüllen kann, dass es glatt, glänzend und samtig wird. Wenn es ihr dann gelungen ist, ist sie glücklich, weil sie ein schwieriges Problem gelöst hat.

Seit Jahrtausenden erteilt die Perlenauster der Menschheit eine Lektion, aber die Menschen haben die Lektion nicht verstanden. Und was ist das für eine Lektion? Dass wir zu unglaublichen Reichtümern kommen, wenn es uns gelingt, alle Schwierigkeiten und Widrigkeiten in lichte, sanfte, perlmuttglänzende Materie einzuhüllen. Genau das muss man verstehen. Arbeitet also daran, in

Zukunft diese spezielle Materie, die eure Schwierigkeiten einhüllen kann, abzusondern, anstatt klagend und euch selbst verzehrend untätig zu bleiben. Wenn ihr euch mit einem unangenehmen Ereignis oder einem unausstehlichen Menschen konfrontiert seht, so freut euch und sagt: »O Herr, was für eine Chance. Da steht ja wieder ein Sandkorn, eine neue Perle in Aussicht!« Wenn ihr dieses Bild von der Perlenauster versteht, habt ihr euer ganzes Leben lang etwas zu tun.

65. Lernt euer Glück mit anderen zu teilen

Es gibt Tage, an denen ihr in Verzückung geratet, euch reich und glücklich fühlt. Denkt ihr dann daran, euer Glück ein wenig mit all jenen zu teilen, die sich in Elend und Unglück befinden? Man muss etwas von dieser Überfülle abgeben können und dabei sagen: »Liebe Brüder und Schwestern in der ganzen Welt, was ich besitze ist so wunderbar, dass ich es mit euch teilen möchte. Nehmt von diesem Glück, von diesem Licht!«

Wenn ihr das Glück für euch behaltet, ohne es teilen zu wollen, so sorgen die finsteren, euch auflauernden Wesenheiten dafür, dass ihr es wieder verliert: Früher oder später kommt überraschend etwas, das euch das Glück nimmt. Wollt ihr eure inneren Reichtümer behalten, dann verteilt sie. Alles, was ihr auf diese Weise verschenkt, kommt auf euer Konto im Himmel, und ihr könnt später davon abheben, wenn ihr es braucht. Diese Reichtümer bleiben euch, keiner kann sie euch wegnehmen, weil ihr sie in den himmlischen »Banken« angelegt habt.

66. Übt Selbstbeherrschung in euren Beziehungen

Wenn ihr bei einem Gespräch mit eurem Chef, einem Geschäftspartner oder einem Freund unaufmerksam und unbeherrscht seid, sodass euch leichtfertig einige ungeschickte Worte herausrutschen, ist es schnell geschehen: Die Beziehung bricht ab. Der andere entlässt euch, trennt sich von euch oder beschließt, euch aus dem Weg zu gehen. So entstehen Schwierigkeiten und Kummer. Ihr erwidert, ihr wollt versuchen, alles wiedergutzumachen. Das ist schon recht, aber es ist nicht immer möglich. Die Sache kann lange dauern und sehr kostspielig werden. Am vernünftigsten ist es zu begreifen, dass es gilt, von Anfang an sehr wachsam zu sein, um die Situation – wenigstens von unserer Seite aus – nicht zu komplizieren. Unordnung und Kämpfe wird es immer geben, daran könnt ihr fast nichts ändern. Frieden in der Welt herzustellen ist nicht so einfach. Aber was euch selbst betrifft, so könnt ihr euch ständig bemühen so zu handeln, dass Ordnung und Harmonie erhalten bleiben.

67. Löst eure Probleme mit Liebe, nicht mit Gewalt

Die Menschen lassen sich immer wieder dazu hinreißen, zwischenmenschliche Probleme mit Gewalt lösen zu wollen. Dadurch wird jedoch alles erschwert und vergiftet, weil man mit so einer Haltung bei anderen die niedere Natur herausfordert, d. h. Widerspruch, Widerstand und sogar Mordgelüste. Die Menschen werden nichts lösen, solange sie der spirituellen Kraft, der Macht des Lichtes und der göttlichen Liebe die Gewalt vorziehen. Die einzig wahre Lösung besteht darin, Güte, Liebe und Demut zu beweisen.

Natürlich wird sich nicht alles sofort einrenken, denn die anderen, die sehr schlecht erzogen wurden, halten euch für schwach und dumm, wenn ihr freundlich und demütig seid, und sie nutzen euer Verhalten aus, um auf euch herumzutrampeln. Aber habt nur Geduld. Nach einiger Zeit werden sie merken, dass eure Haltung kein Ausdruck von Schwäche, sondern im Gegenteil von großer moralischer und spiritueller Stärke ist; und dann sind sie es, die anfangen, demütig und respektvoll zu werden; so regelt sich am Ende alles. Versucht also von nun an, die Probleme mit Eltern, Freunden und Feinden mit Liebe und Güte zu lösen. Wenn ihr so handelt, ruft ihr ein Gesetz auf den Plan, das sie eines Tages zwingt, mit den gleichen Mitteln zu arbeiten.

Setzt man Wut gegen Wut, Hass gegen Hass, Gewalt gegen Gewalt, dann wendet man damit eine sehr alte Philosophie an, die keine guten Früchte hervorbringt. Der Bosheit widersetzt man sich durch Güte, den Hass vertreibt man durch Liebe und Wut bekämpft man durch Sanftmut.

Man muss ein für alle Mal die Gesetzmäßigkeit verstehen, dass nur das Gute imstande ist, das Böse zu bekämpfen. Denn das Gute ist stark und unsterblich, während das Böse schwach ist. Man kann das Böse mit einem in die Luft geworfenen Stein vergleichen: Je mehr Zeit vergeht, desto weniger Kraft hat er, in die Höhe zu steigen. Das Gute dagegen gleicht einem von einem Turm heruntergeworfenen Stein: Seine Geschwindigkeit nimmt mit der Zeit zu. Das Geheimnis des Guten liegt darin, dass es am Anfang schwach ist, am Ende jedoch allmächtig. Das Böse dagegen ist anfangs allmächtig, wird aber mit der Zeit immer schwächer. Genau das muss man wissen!

68. Lernt, das Gesetz der Gerechtigkeit zu übertreffen

Hat euch jemand Schaden zugefügt? Das berechtigt euch nicht dazu, Rache an ihm zu nehmen. Ihr entgegnet: »Aber ich möchte nur die Gerechtigkeit wiederherstellen!« Nein, eine so verstandene Gerechtigkeit ist die Quelle allen Übels. Der

Erstbeste bildet sich ein, im Namen der Gerechtigkeit die einen bestrafen und den anderen eine Lehre erteilen zu können. Lasst die Gerechtigkeit aus dem Spiel! »Aber was sollen wir dann tun?« Auf ein Prinzip zurückgreifen, das über der Gerechtigkeit steht: das Prinzip der Liebe, der Güte und Großzügigkeit. Schon vor zweitausend Jahren brachte Jesus diese neue Lehre, aber die Christen handeln immer noch nach dem Gesetz Moses: »Auge um Auge, Zahn um Zahn.« Sie haben noch nicht begriffen, dass man, um wahrhaft groß und wirklich frei zu werden, nicht mehr so sehr danach trachten soll, das Gesetz der Gerechtigkeit anzuwenden und nicht mehr Rache zu nehmen. Die Rache ist eine alte, urtümliche Methode, die nichts löst. Im Gegenteil, sie verkompliziert alles und vermehrt die karmischen Schulden.

Ihr habt jemandem etwas Gutes getan, ihr habt ihm geholfen, ihn unterstützt und eines Tages entdeckt ihr, dass er eure Hilfe nicht verdiente. Nun, akzeptiert diese Situation. Versucht weder euch zu rächen noch ihn zu bestrafen oder diese Geschichte überall zu verbreiten! Wann entschließt ihr euch endlich, eure Großzügigkeit und euren Edelmut unter Beweis zu stellen? Man muss ein wenig die Augen verschließen, vergessen und verzeihen; so wächst man und wird stärker. Ihr müsst auch wissen, dass euch eines Tages das Verlorene hundertfach zurückgegeben wird. Wenn ihr aber versucht, euch zu rächen, löst ihr damit so viele negative Kräfte aus, dass sie eines Tages auf euch zurückkommen und euch erdrücken.

Wollt ihr eurem Feind wirklich eine Lektion erteilen, dann kümmert euch nicht mehr um ihn und beginnt eine gewaltige Arbeit an euch selbst: Betet, meditiert, lernt und übt euch bis zu dem Tag, an dem ihr endlich die wahre Weisheit und Macht besitzt. Und wenn ihr ihm später wieder begegnet, wird er mit Verblüffung euer Licht und eure Kraft fühlen. Dann begreift er, dass er sich nur erniedrigte, während ihr daran gearbeitet habt, weiser, großzügiger und selbstbeherrschter zu werden, und er wird sich schämen.

Wichtig ist nur, an euch zu arbeiten, euch mit allem Konstruktiven, Reinen und Göttlichen zu beschäftigen. Das erfordert natürlich viel Liebe, Geduld und Licht, aber ich kenne keine wirksamere Methode. Es gibt ein Gesetz, nach dem jeder für das Böse, das er getan hat, bezahlen muss, und alle, die euch schadeten, werden eines Tages gezwungen sein, zu euch zu kommen, um den Schaden wiedergutzumachen. Es kann sein, dass ihr sie loswerden wollt, weil ihr intuitiv spürt, dass sie früher eure Feinde waren. Aber das ändert nichts, sie bleiben weiterhin bei euch und bitten euch, ihre Dienste anzunehmen. Denn so ist das Gesetz: Alle, die euch Böses getan haben und denen ihr es nicht mit Bösem heimgezahlt habt, werden wohl oder übel gezwungen sein (ob sie es wollen oder nicht, denn ihre Meinung zählt nicht) eines Tages das Unrecht wiedergutzumachen, das sie euch angetan haben.

69. Versucht uneigennützig zu handeln

Ihr verwendet so viel Zeit und Kraft darauf, dass andere das respektieren, was ihr für eure Rechte und euren Besitz haltet! Warum haltet ihr immer so an euren materiellen Interessen fest? Handelt doch uneigennützig, dann seid ihr frei! Am Anfang seid ihr natürlich über eine solche Handlungsweise nicht ganz glücklich, sondern fühlt euch bedrückt und leidet. Aber wenn es euch gelingt, entdeckt ihr bald neue innere Regionen, ein neues Licht, und dann gibt es keinen stolzeren und glücklicheren Menschen als euch, weil ihr etwas sehr Schwieriges verwirklichen konntet: Ihr habt die niedere Natur besiegt, die euch immer rät zu kämpfen, um eure materiellen Vorteile zu bewahren.

Wenn ihr auf die Weisheit, auf die Liebe des Himmels zählt, lässt er euch nicht fallen; sobald ihr etwas tut, das euch mit ihm verbindet, wacht er über euch. Verliert niemals den Glauben an die Macht der unsichtbaren Welt. Sie unterstützt alle, die ihre Gesetze befolgen. Wenn ihr den schlechten Ratschlägen eurer niederen Natur folgt, erreicht ihr niemals wirklich euer Ziel: Früher oder später legt euch die unsichtbare Welt Hindernisse in den Weg. Aber wenn ihr auf den Himmel zählt und seine Gesetze beachtet, seid ihr niemals verlassen. Selbst wenn alle Welt euch verlässt, werdet ihr von ihm unterstützt, ermutigt und erleuchtet.

70. Nutzt sowohl eure Sympathien als auch eure Antipathien

Sympathie und Antipathie sind natürliche Gemütsbewegungen, die auch der Weise kennt. Doch der Unterschied zwischen einem Weisen und einem gewöhnlichen Menschen liegt darin, dass der Weise seine Antipathien beherrscht und sich nicht blind seinen Sympathien hingibt. Er weiß, dass die einen wie die anderen von Erlebnissen aus anderen Inkarnationen herrühren – Erlebnissen mit Menschen, die ihm in diesem Leben wieder begegnen –, und dass sie ihm folglich keine objektive Auskunft über diese Menschen geben können. Daher versucht er, gegenüber den ihm Unsympathischen gütig zu sein, und die Fehler und Mängel der ihm Sympathischen nicht zu übersehen.

Auch ihr solltet euch nicht gedankenlos euren Sympathien und Antipathien hingeben, sondern lernen, sie zu benützen. Wenn euch jemand sympathisch ist, so denkt an ihn, damit dieser Gedanke euch Freude und Mut bringt. Ja, jemand der euch sympathisch ist, wirkt positiv auf euch, und ihr könnt die gute Verfassung, in die er euch versetzt, nützen. Ihr fragt: »Und was ist mit dem Unsympathischen?« Nun, auch mit dem lässt sich etwas machen. Sagt euch: »Also, jetzt krempeln wir die Ärmel hoch, das müssen wir schaffen!« und ihr übt euch darin, ihn zu ertragen, statt die Flucht zu ergreifen oder ihm schlechte Gedanken zu schicken!

Dank eurer Bemühungen gewinnt ihr dabei, weil es euch gelingt, die niedere Natur zu besiegen, welche immer bereit ist, euch in Kämpfe, Missverständnisse und Komplikationen hineinzuziehen. Dann betretet ihr eine Welt der Schönheit und des Lichtes und stellt bald fest, dass alles sich verändert. Denn all jene, die ihr vorher kalt und feindselig angeschaut habt, spüren, wie sich euer Blick verändert hat, und beginnen euch zu lieben.

Ja, es bieten sich immer wieder Gelegenheiten stärker zu werden. Warum sie nicht nützen? Ihr haltet an euren Gefühlen von Sympathie und Antipathie fest und unternehmt nichts. Nun, gerade damit solltet ihr etwas anfangen, da ihr wisst, dass ihr diese Impulse für eure Entwicklung nützen könnt.

71. Feinde sind nützlich

Anstatt euch zu beklagen, versucht zu verstehen, aus welchen Gründen bestimmte Menschen unangenehme Ereignisse in eurem Leben auslösen. Vielleicht wurden sie gerade von der unsichtbaren Welt dazu getrieben, euch eine Lektion zu erteilen, euch Lebenswahrheiten verständlich zu machen oder um euch zu zwingen, an euch zu arbeiten. Warum also diese Gelegenheiten nicht nützen? Anstatt Rachegedanken zu nähren und euch aufzulehnen, weil ihr meint, der Himmel hätte euren Feind schon längst vernichten müssen, und euch zuletzt sogar an Unschuldigen zu rächen, wie das oft vorkommt, solltet ihr diese Gelegenheit zur spirituellen Weiterentwicklung ergreifen.

Auch wenn sich jemand euch gegenüber schlecht verhält, bemüht euch doch, richtig zu handeln. Dafür sollt ihr als Erstes herausfinden, was für eine Lehre ihr aus diesen unangenehmen Umständen ziehen könnt. Das Schlimmste für den Menschen ist, anderen gegenüber mit negativen Gefühlen zu leben. Denn ihr müsst wissen, dass die Energieströme unseres psychischen Lebens zuerst durch uns fließen, bevor sie andere erreichen. Wenn man von Güte beseelt ist, wird man als Erster von dieser Güte profitieren. Und wenn man bösartig ist, vergiftet man zuallererst sich selbst. Ihr sagt: »Ich bin wütend auf den und den, der wird was erleben!« Ja, sicher, aber der Erste, der von eurer Wut vergiftet wird, seid ihr selbst.

72. Bemüht euch, das Böse umzuwandeln

Wenn ihr Kritik und Hass von anderen zu spüren bekommt, müsst ihr versuchen, diese umzuwandeln. Sie sind so etwas wie Kieselsteine, die in Edelsteine verwandelt werden müssen. Das ist die wahre Alchimie. Wenn die Erde dazu fähig ist, warum nicht auch wir? Wichtig ist, dass ihr euch in Gedanken damit beschäftigt. Ein Mensch birgt in sich alle Kräfte und Mächte, sogar den Stein der Weisen trägt er in sich, der alle Metalle in Gold verwandelt. Solange ihr die Dinge nicht auf diese Art und Weise betrachtet, fühlt ihr euch unglücklich und niedergedrückt, und bei der geringsten Kritik seid ihr am Boden zerstört.

73. Die wahren Feinde sind in uns

Viele Menschen nähren in sich den Geist der Auflehnung. Auflehnung gegen eine als unerträglich empfundene Situation, gegen Mitmenschen, die sie für unehrlich oder ungerecht halten usw. Aber was nützt denn diese Auflehnung? Wenn ihr euch wirklich auflehnen wollt, so findet ihr in euch selbst genügend Ansatzpunkte, um eine gute Arbeit zu leisten. Ja, glaubt ihr nicht, dass ihr euch über all eure Schwächen und Neigungen entrüsten könnt, und dass es sich lohnt, sie zu bekämpfen? Wenn es die Auflehnung in der Welt gibt, so deshalb, weil sie eine bestimmte Rolle zu spielen hat. Da man sie nicht abschaffen kann, sollte man diese Rolle verstehen lernen und sie in den Dienst des hohen Ideals stellen. Dann weiß man wann, wo, wie, wem und was gegenüber man sich auflehnen soll. Man soll sich auflehnen, aber nur gegen alle niederen Wesen, die sich im Menschen als Schwächen eingenistet haben und ihn täuschen und von ihm zehren. So viele von euch sind unglücklich, weil sie sich ihrer Fehler und Schwächen bewusst sind! Ja, aber sie lehnen sich noch nicht genügend gegen diese Fehler auf, so, dass sie beschließen würden, sich endgültig ihrer zu entledigen.

Hört also auf, euch jeden Tag gegen eure Frau, euren Mann, euren Chef, die Regierung usw. aufzulehnen und empört euch vielmehr gegen euch selbst, denn die wahren Feinde sind in euch. Sie sind gut getarnt und immer damit beschäftigt, euch Fallen in Form von Versuchungen, Begierden und unkontrolliertem Verlangen zu stellen. Und ohne es zu merken, hätschelt, streichelt und nährt ihr sie. Nun, in Zukunft solltet ihr euch gegen diese Sorte Feinde auflehnen.

74. Weckt in anderen Menschen das Gute

Sehr wenige Menschen ahnen die beträchtlichen Schäden die dadurch entstehen, dass sie die Angewohnheit haben, nur die negative Seite der

Dinge und Menschen zu betrachten. Aufgrund dieser Tendenz, Fehler beim anderen zu suchen und nur Schlechtes und Tadelnswertes zu sehen, gehen viele Freundschaften und Beziehungen in die Brüche. Und es wird sogar Gefallen daran gefunden, im Leben der Leute herumzuwühlen, um dort allerlei Kompromittierendes zu entdecken.

Der Weise versucht beide Seiten gleichzeitig zu sehen: das Gute wie das Schlechte. Er ist nicht blind, er lässt sich nicht täuschen, aber er berücksichtigt beim Menschen nur das Wesentliche, seine Essenz, das heißt, das Gute in ihm. Wenn er seine Aufmerksamkeit auf das Gute richtet, zieht er dessen Kräfte an und lässt das Gute in sich und in anderen gedeihen. Deshalb fühlen sich alle von einem solchen Menschen angezogen: Sie spüren, dass in seiner Nähe die Keime ihrer göttlichen Natur erwachen und sprießen.

75. Lebt mit Liebe

Liebe verschafft die größten Erfolgsmöglichkeiten, Liebe macht fähiger, klarer, scharfsinniger. Sie schafft die Voraussetzungen für die harmonischsten und konstruktivsten Werke. Aber wer kümmert sich um Liebe? Die sexuelle Liebe, ja, dafür interessiert sich jeder, aber die unpersönliche, geistige Liebe kommt immer an letzter Stelle.

Einige entgegnen mir: »Sie sind aber weltfremd! Sie sehen nicht, wie die Menschen sind: Man kann sie unmöglich lieben!« Ihr sollt wissen, dass vielleicht keiner unter euch das mitmachte, was ich mitmachen musste; wenn jemand die schrecklichen Seiten des Lebens kennt, dann bin ich das. Selbst unter fürchterlichen Bedingungen, wo man keine Lust hat zu lieben, weil man meint, es gäbe tatsächlich überall Gründe genug, sein Herz den Menschen zu verschließen, auch dann muss man lieben. Wozu dient sonst die Einweihungswissenschaft, die göttliche Lehre? Nur weil es ein paar Menschen gibt, die man nicht ausstehen kann, darf man sich nicht den größten Segen – die Liebe – vorenthalten.

Liebt also, liebt die ganze Welt, liebt alle Geschöpfe! Liebe harmonisiert alles in euch. Wenn ihr einmal euer Tun beobachtet, könnt ihr spüren, wie angespannt und verkrampft ihr seid, vor allem euer Gesicht und eure Hände. In dieser Zeit verpuffen eure Energien völlig nutzlos. Das kommt daher, dass ihr nicht gelernt habt, mit Liebe zu arbeiten. Haltet also inne und entspannt euch vollständig! Entspannt vor allem euer Gehirn, lasst es ein paar Minuten stillstehen und spürt, wie nur die Liebe durch euch fließt.

Lieben ist das größte Geheimnis, die wirksamste Methode. Wenn ihr morgens aus dem Haus geht, so denkt daran, alle Geschöpfe der ganzen Welt zu begrüßen. Sagt zu ihnen: »Ich liebe euch, ich liebe euch...«, geht dann zur Arbeit und euer

Herz wird den ganzen Tag weit sein vor Glück, der Kontakt zu den anderen wird leichter sein, weil ihr eure Liebe allen Geschöpfen des Universums gesandt habt; von allen Seiten des Weltraumes her kommt Liebe auf euch zurück. Es gibt so vieles, was getan werden kann, um das Leben lebenswert zu machen.

76. Werdet einer Quelle gleich

Eine Quelle strömt und sprudelt unablässig. Selbst wenn jemand versucht, sie mit Unrat zu verschmutzen, so fließt sie doch weiter, und der Strom schwemmt allen Unrat mit sich fort. Die Quelle selbst bleibt immer rein, immer lebendig, weil sie keinen Augenblick zu sprudeln aufhört. Wo lässt sich eine bessere Philosophie als die der Quelle finden?

Nehmt euch die Quelle als Vorbild, werdet ihr ähnlich, d. h. liebt, liebt, allem und jedem zum Trotz. Diese strömende Liebe beschützt euch dann vor Unreinheiten und Leid. Ihr merkt nicht einmal mehr, dass man versucht hat, euch zu beschmutzen, euch Böses anzutun. Denn alles Übel, das euch zustoßen kann, wird von der Quelle fortgeschwemmt. Bewahrt in euch Tag und Nacht das Bild der Quelle, die sprudelt und Böses, Unreines wegschwemmt. Liebt unaufhörlich, dann werdet ihr nicht mehr leiden.

77. Der Himmel hat uns reich beschenkt, damit wir unsere Großzügigkeit zeigen können

Um euch das Lieben zu lehren, hat man schwer zu ertragende Menschen in eure Nähe geschickt. Wenn ihr eines Tages die Erde verlasst und vor himmlische Wesen tretet, so verlangen sie Rechenschaft von euch. Sie sagen: »Warum hast du deine Mitmenschen nicht geliebt?« – »Weil sie hässlich, böse und dumm waren.« – »Nein, das ist kein Grund. Du hast große Schätze vom Himmel bekommen: Augen, einen Mund, Ohren, Intelligenz und ein Herz. Sie wurden dir gegeben, um zu lieben, nicht um zu verleumden, zu verachten und zu zertreten.« – »Aber das waren elende Menschen!« – »Nun, das wäre ein zusätzlicher Grund gewesen, ihnen mit mehr Großzügigkeit zu begegnen.« Ihr werdet keine Rechtfertigung finden.

78. Vergesst eure Feinde, indem ihr an eure Freunde denkt

Man war ungerecht zu euch, hat euch kritisiert und beschimpft? Gut, aber warum wollt ihr euch damit aufhalten und tagelang unglücklich bleiben? Sagt euch: »Selbst wenn einige mich nicht mögen, so lieben mich doch andere. Sogar der Herr liebt mich!« Auf diese Weise denkt ihr an eure Freunde, an die göttliche Welt, an den Herrn, der so viele gute und schöne Dinge erschaffen hat, von denen ihr in jedem Augenblick eures Lebens zehrt; so vergesst ihr das Böse, das man euch angetan hat. Wenn ihr euch auf diese Weise übt, gelingt es euch, dem Negativen gegenüber unempfindlich zu werden.

Die echte Empfindsamkeit ist eine völlige Aufgeschlossenheit dem Himmel gegenüber und eine Verschlossenheit allem gegenüber, was dunkel und negativ ist. Nur dem Negativen gegenüber empfindlich sein, ist Sentimentalität, eine krankhafte Äußerung der Personalität. Was für ein Glück könnt ihr erwarten, wenn für euch weder Himmel noch Engel, Blumen, Vögel oder Freunde mehr existieren, sondern nur noch die bösen und ungerechten Menschen?

79. Lasst euch durch Kritik nicht erschüttern

Ihr wurdet kritisiert, beschimpft, und jetzt seid ihr erledigt. Warum? Weil ihr nicht darauf vorbereitet wart. Man muss von vornherein wissen, dass es das ganze Leben lang so sein wird. Warum bildet ihr euch ein, ihr würdet verschont bleiben? Richtet euch also jetzt wieder ein wenig auf und sagt euch, dass es gewiss nicht das letzte Mal ist, dass ihr kritisiert werdet. Wenn ihr heute nichts unternehmt, um euch zu stärken, so werdet ihr eben beim nächsten Mal wieder am Boden sein. Ihr staunt über meine Worte, weil ihr lieber hören würdet, dass so etwas nicht mehr vorkommt, dass ihr künftig verschont bleibt. Aber nein, ich sage euch nur, dass ihr euch auf weitere, ähnliche Prüfungen vorbereiten sollt! Ihr müsst von vornherein wissen, dass alle möglichen unangenehmen Ereignisse euch ereilen können. Treten sie nicht ein, dann freut euch und dankt dem Himmel; und dankt ebenso dem Himmel, wenn sie eintreten, weil ihr dann wenigstens darauf vorbereitet wart.

80. Lernt euch in andere hineinzuversetzen

Da die Menschen kaum gewohnt sind, sich in die Lage der anderen hineinzuversetzen, entstehen daraus viele Fehlurteile, grausame und ungerechte Handlungen. Sie wollen ihren Standpunkt niemals aufgeben; sie messen, wiegen und beurteilen alles nach ihrem eigenen Geschmack, nach ihren eigenen Neigungen und Vorlieben, ohne jemals die anderen zu berücksichtigen. Heute, wo dank der Kommunikationsmittel die Menschen so leicht miteinander Verbindung aufnehmen können, müssen sie lernen, aus ihrem begrenzten Bewusstseinsfeld herauszukommen. Sonst wird das, was ihnen ermöglicht, sich einander anzunähern, nur dazu dienen, sich gegenseitig umzubringen.

Bevor ihr also Menschen anklagt, versucht wenigstens fünf Minuten lang euch in sie hineinzuversetzen. Oft stellt ihr dann fest, dass ihr euch in ihrer

Lage viel schlimmer als sie verhalten würdet. Wenn ihr diese Übung regelmäßig ein paar Minuten praktiziert, erlangt ihr Großherzigkeit, Geduld, Nachsicht und Milde. Macht also diese Übung: Versetzt euch einige Minuten in die Lage all jener Menschen, die euch unangenehm sind und die ihr schlecht ertragen könnt und ihr werdet sehen, dass ihr nicht anders könnt, als sie zu verstehen und zu lieben.

81. Ratschläge für die Kindererziehung

Achtet auf die Art und Weise, wie ihr zu den Kindern sprecht

Die meisten Erwachsenen achten nicht genug darauf, wie sie zu den Kindern sprechen. Manche hören nicht auf, ihre Kinder als Nieten, Faulpelze oder Idioten zu beschimpfen. Von diesen Worten beeinflusst und fast hypnotisiert, werden die Kinder nach einiger Zeit tatsächlich dumm und unfähig. Ihr müsst wissen, dass das Wort mächtig und wirksam ist, und dass alles, was man ihnen sagt, sie negativ beeinflussen, blockieren und ängstigen kann. Oft sind es die Erwachsenen – Eltern oder Erzieher –, die die Kinder verderben. Warum muss man ihnen mit dem Schwarzen Mann, dem Wolf, der Polizei oder anderen Schreckgespenstern drohen, damit sie gehorsam, fleißig oder brav werden? Kinder können sich danach ihr Leben lang bedroht und in Gefahr fühlen und werden zu guten

Kunden für die Psychoanalytiker. In ihrem Verhalten den Kindern gegenüber müssen die Erwachsenen vieles richtig stellen.

Eine Methode zur Förderung der guten Eigenschaften in den Kindern

Um gute Erzieher zu sein, müssen die Eltern alle in der Seele und im Geist ihres Kindes verborgenen Qualitäten und Tugenden vor Augen haben. Anstatt nur Ohrfeigen oder Schläge auszuteilen, die das Kind lehren sollen, keine Dummheiten mehr zu machen, sollten sich die Eltern auf den in ihrem Kind wohnenden göttlichen Funken konzentrieren, alle Anstrengungen unternehmen, diesen zu entfachen. So vermag das Kind später Wunder zu vollbringen. Wenn es schläft, können sie sich auch an sein Bett setzen, es sanft streicheln – ohne es aufzuwecken – und ihm dabei von allen guten Eigenschaften erzählen, die sie ihm für später wünschen. Auf diese Weise legen sie in sein Unterbewusstsein kostbare Elemente, die das Kind, wenn es sie später entdeckt, vor vielen Irrtümern und Gefahren schützen werden.

Schafft eine harmonische Atmosphäre um die Kinder

Um ein Kind zu erziehen, genügt es nicht, es in

die Schule zu schicken – und sei es auch die allerbeste. Wenn die Eltern dem Kind zu Hause ein Schauspiel von Auseinandersetzungen, Lügen und Unehrlichkeit bieten, wie wollen sie es da erziehen können? Man hat festgestellt, dass elterliche Auseinandersetzungen ein Baby krank machen und bei ihm nervöse Störungen hervorrufen können, selbst wenn es dem Streit nicht beiwohnte. Diese Auseinandersetzungen erschaffen nämlich um das Kind eine Atmosphäre von Disharmonie, die es spürt, weil es noch eng mit den Eltern verbunden ist. Dem Säugling ist es zwar nicht bewusst, aber sein Ätherleib empfängt die Erschütterungen.

Wenn man sieht, wie unglaublich sich manche Eltern verhalten, dann fragt man sich, ob sie ihre Kinder wirklich lieben. Sie selbst beteuern natürlich ihre Liebe zu ihren Kindern. Liebten sie sie aber wirklich, dann würden sie ihre Haltung ändern und wenigstens versuchen, diese oder jene Schwächen abzulegen, die sich sehr nachteilig auf ihre Kinder auswirken. Solange sie sich darum nicht bemühen, zeigen sie, dass sie ihre Kinder nicht wirklich lieben.

Seid ein Vorbild für die Kinder

In jeder Situation müssen die Eltern ihren Kindern ein Vorbild sein und weder Schwächen noch Fehler zeigen. Wenn Erwachsene (Eltern, Erzieher) Schwächen zeigen, verwirrt das die Kinder und sie verlieren die Orientierung, weil sie sich an nichts mehr festhalten können. Instinktiv suchen die Kinder sich auf Menschen zu stützen, die Gerechtigkeit, Großmut und Kraft verkörpern. Sie tragen in sich ein instinktives Bedürfnis nach Gerechtigkeit und Wahrheit, und wenn sie sehen, wie die Erwachsenen, die sich um sie kümmern, verwerflich handeln, gerät etwas in ihnen in Unordnung. Das Kind, das sich klein und schwach fühlt, möchte gerne über sich eine unfehlbare, schützende Autorität spüren. Es ist zwar unwissend, aber es weiß doch, dass es schwach ist; deshalb braucht es Schutz und schmiegt sich an die Mutter, um ihre Wärme zu fühlen. Und es sucht nicht nur einen physischen, sondern auch einen psychischen Halt. Deshalb fühlt sich ein Kind verloren und lehnt sich auf, wenn es merkt, dass Eltern, Verwandte oder Lehrer ihrer Aufgabe nicht gewachsen sind. Dies ist der Ursprung vieler Tragödien in den Familien und in der Gesellschaft.

Bedingungen für sinnvolle Strafen

Am besten sollte ein Kind niemals geschlagen werden. In Ausnahmefällen können eine Ohrfeige oder ein Klaps auf den Hintern, falls sie verdient sind, keinen Schaden anrichten. Aber Vorsicht! Schlagt niemals ein Kind, solange ihr wütend seid, sonst prägen sich in seinem Gedächtnis Hass und Bosheit ein statt Gerechtigkeit! Im Rahmen einer guten Erziehung hingegen sollte es spüren, dass ihr gerecht seid, und dass ihr es aus Gerechtigkeit bestraft.

Gebt daher Acht auf euren Blick, wenn ihr ein Kind maßregeln müsst. Euer Blick sollte weder Zorn noch Feindseligkeit oder negative Gefühle ausdrücken. Denn das Kind vergisst schnell die Ohrfeige oder den Klaps, aber es vergisst nie den Blick, den man ihm dabei zugeworfen hat.

Oft schlagen Erwachsene ein Kind, weil sie außer sich sind und die Geduld verloren haben; aber das ist eine sehr schlechte Reaktion. Ohrfeigen und Schläge dürfen nicht aus einer emotionalen Gereiztheit heraus erteilt werden, Gereiztheit hat nichts mit Pädagogik zu tun, sondern aus dem Wunsch heraus, dem Kind begreiflich zu machen, dass es Gesetze gibt, die es in seinem eigenen Interesse zu respektieren hat.

82. Die Macht des uneigennützigen Wortes

Nachdem sie jemanden durch Kritik und Vorwürfe zugrunde gerichtet haben, behaupten viele: »Ich habe es doch gut gemeint, ich wollte ihm ehrlich helfen – mehr nicht!« In Wirklichkeit wollten sie nur ihrer Gereiztheit und Unzufriedenheit Luft machen, und ihre Ehrlichkeit diente nur als Vorwand. Warum wird man unter dem Einfluss der Wut plötzlich ehrlich? Ihr könnt alle möglichen guten Gründe anführen, solange eure Beweggründe nicht wirklich uneigennützig und spirituell sind, wirkt sich das, was ihr sagt, nie positiv aus. Erst wenn ihr Gedanken und Gefühle beherrscht, werden eure Worte eine Wirkung haben und segensreich sein, vorher nicht. Andernfalls seid ihr keine Hilfe für andere, wie gut eure Absicht auch sein mag. Ihr fügt ihnen stattdessen sogar Schaden zu oder führt sie in die Irre.

83. Macht euch eine Wahrheit zu Eigen, bevor ihr darüber sprecht

Im geistigen Leben lautet eine Regel: Eine erkannte Wahrheit sollte man zuerst selbst leben, bevor man sie um sich herum verkündet. Ja, das ist eine wichtige Regel, die man sich merken sollte. Eine Wahrheit muss zuerst ausprobiert und in die Tat umgesetzt werden. Und erst wenn sie euch in Fleisch und Blut übergegangen ist, seid ihr so mit ihr verschmolzen, dass ihr sie durch nichts in der Welt wieder verlieren könnt. Eine Wahrheit hingegen, die ihr gerade erfasst habt und schon am nächsten Tag nach allen Seiten verkündet, wird euch mit Sicherheit verlassen. Ihr habt sie auf dem Marktplatz zur Schau gestellt, sie gehört euch nicht mehr, und dann seid ihr wieder schwach und unglücklich. Ihr müsst sie also vorerst für euch behalten, damit sie euch stärkt und hilft, die Prüfungen zu bestehen, die ihr durchmachen müsst. Danach verlässt sie euch nie mehr.

Solange ihr aber eine Wahrheit nicht am eigenen Leib erfahren habt, gehört sie noch nicht zu euch. Deswegen kann sie euch verlassen, und ihr müsst kämpfen und leiden, um sie zurückzugewinnen. Ihr müsst sie also eine Zeit lang in euch bewahren, mit ihr leben, damit ihr sie euch zu Eigen macht. Dann bleibt sie nicht nur bei euch, sondern erhält durch eure Aufrichtigkeit so viel Kraft, dass es euch gelingt, andere von ihrem Wert zu überzeugen. Der Klang eurer Stimme und das, was von euch ausströmt, sind wirklich überzeugend, weil ihr diese Wahrheit lange für euch behalten und sie auf diese Weise gestärkt habt.

84. Erzieht euch selbst, bevor ihr andere erzieht

Die Menschen blicken gewöhnlich auf die Schwächen und Unzulänglichkeiten der anderen, niemals aber auf ihre eigenen. Sie verlangen von anderen Intelligenz, Güte, Ehrlichkeit, aber denken nicht daran, sich einmal zu fragen, wie es denn mit ihnen bestellt ist. Wenn es auf der Welt nur so wenige vollkommene Menschen gibt, so deshalb, weil alle gleich denken. Alle erwarten Anstrengungen von den anderen und glauben, sie selbst könnten so bleiben, wie sie sind. Nein, so geht es nicht! Eine solche Einstellung hat sehr nachteilige Folgen, vor allem für jene, deren Aufgabe es ist – sei es beruflich oder privat –, sich um andere zu kümmern.

Betrachten wir nur einmal die Eltern: Sie kümmern sich um ihre Kinder, das ist gut und auch ihre Pflicht; aber haben sie gelernt, sich zuerst mit sich selbst zu beschäftigen, bevor sie sich mit Kindern beschäftigen? Nein, sie führen ein ungeregeltes Leben, alles in ihnen ist durcheinander, und jetzt, wo sie verbildet oder gar zerrüttet sind, glauben sie, sie seien fähig, Kinder zu erziehen. Dass die Kinder damit ein erbärmliches Verhalten vorgelebt bekommen, das sich auf die Psyche und sogar auf die Gesundheit sehr negativ auswirkt, ist ihnen nicht wichtig. Es gibt so viele Menschen, die nur deshalb heiraten, weil sie sich allein langweilen, und wenn sie dann Kinder bekommen, geraten sie in ausweglose Schwierigkeiten.

Beginnt damit, euch selbst zu erziehen, bevor ihr andere erziehen wollt; sonst ist es genauso, als versuchtet ihr mit kohlschwarzen Händen, jemandem einen kleinen Fleck aus dem Gesicht zu wischen. Ihr macht ihn dabei nur noch schmutziger. All jene, die andere aufklären und belehren wollen, ohne sich selbst richtig zu verhalten, können sie nur in die Irre führen.

Lasst also die Menschen in Ruhe und begnügt

euch damit, selbst zu besseren Menschen zu werden. Warum soll man seine Zeit damit vergeuden, über die Unvollkommenheiten der Menschen zu jammern? Kümmert euch nicht darum, sondern befasst euch damit, euch selbst zu vervollkommnen. Dann habt ihr nicht mehr so viele Sorgen, ihr hört auf, euch zu quälen und beschleunigt eure Entwicklung, weil ihr euch auf eure eigene Vervollkommnung konzentriert.

Glaubt mir und lasst die anderen tun, was sie wollen; arbeitet an euch selbst. Ihr müsst vorankommen und anderen ein Vorbild sein. Selbst mit den schönsten Reden wird es euch nicht gelingen, die Menschen zur Vernunft zu bringen. Wenn ihr aber ein Vorbild seid, folgen sie euch ungewollt. Anstatt also in der Familie, in der Umgebung und am Arbeitsplatz immer Harmonie zu erwarten und zu klagen, dass sie dort fehlt, beginnt, sie in euch zu verwirklichen. Wenn die anderen spüren, wie sehr ihr euch verändert habt, fühlen sie sich gezwungen, sich auch zu wandeln, denn es ist ansteckend, es sind magische Kräfte am Werk: Ein Mensch, der ernsthaft an sich arbeitet, verbreitet Kräfte, die seine Umgebung dazu zwingen, es ihm gleich zu tun.

Ihr sollt die menschliche Natur kennen lernen, wissen, wie die Menschen sind, und euch nicht zu sehr mit dem an ihnen befassen, das euch negative Gefühle verursacht. Denn es besteht eine Entsprechung zwischen dem, was einen beschäftigt, und dem Zustand, in dem man sich befindet. Wenn ihr euch zu negativen Gefühlen den anderen gegenüber hinreißen lasst, braucht ihr euch nicht zu wundern, wenn ihr euch anschließend unwohl fühlt, das ist wirklich nicht verwunderlich. Wollt ihr also niemals erschüttert, entmutigt oder voller Unruhe sein, dann zählt einzig und allein auf eure innere Arbeit.

85. Die Sonne als Vorbild der Vollkommenheit

Wenn ihr für einen Freund Achtung und Bewunderung empfindet, so nehmt ihr, ohne es zu merken, etwas von seinen Qualitäten oder von seinen Fehlern, wenn ihr mit ihm verkehrt. Das ist ein Gesetz: Mit der Zeit wird man den Wesen oder Dingen immer ähnlicher, die man liebt und bewundert. Wenn ihr euch angewöhnt, jeden Tag die Sonne zu betrachten und dabei ihre Großzügigkeit, ihre Kraft und alles Leben, das ihr entströmt, bewundert, spürt ihr, dass nach und nach Veränderungen in euch eintreten, so als würdet ihr etwas von ihrem Licht, ihrer Wärme und ihrem Leben empfangen. Die Sonne versinnbildlicht Vollkommenheit, und wenn ihr sie als Vorbild nehmt, wenn ihr, genau wie sie, nur daran denkt, lichtvoll, erwärmend und belebend zu sein, dann werdet ihr euch wirklich verwandeln. Natürlich werdet ihr niemals den gleichen Grad an Licht, Wärme und Leben erreichen wie die Sonne, aber schon der Wunsch, all dies zu erreichen, erhebt euch in die himmlischen Regionen, und ihr könnt dann wahrhaft Wunder vollbringen.

Um auf die Menschen einen wohltätigen Einfluss auszuüben, müsst ihr euch jeden Tag mit der Sonne verbinden, um von ihr neue Teilchen zu bekommen, die ihr dann an eure Umgebung weitergebt. Nur die Sonne kann euch all das geben, was ihr benötigt, um anderen zu helfen und sie zu lieben. Solange ihr euch nicht auf dieses Vorbild an Wärme und Licht konzentriert, lasst ihr euch zu niederen Handlungsweisen hinreißen. Schaut euch an, was sich in der Welt abspielt: Überall sieht man nur Menschen, die andere ausnützen, beherrschen oder niederdrücken wollen. Das alles ist nicht gerade erfreulich! Die Sonne dagegen bietet das Bild eines strahlenden, großzügigen Wesens, und dieses Bild beeinflusst euch günstig. Selbst wenn man annimmt, sie sei – nach unserem Verständnis – kein intelligentes und vernunftbegabtes Geschöpf in dem Sinne, was wir darunter verstehen, so kann doch die Verbindung mit ihrer Wärme und ihrem Licht in euch nur die brüderlichsten Gefühle, wie Großzügigkeit, Güte, Geduld anderen gegenüber wachrufen.

Nehmt also die Sonne zum Vorbild. Beobachtet und analysiert euch im Laufe des Tages und fragt euch: »Strahle ich jetzt gerade Licht aus? Erwärme und erfreue ich das Herz meiner Mitmenschen? Belebe ich sie?« Ja, stellt euch tagsüber immerzu diese Frage, denn darin liegt der Schlüssel zu eurer Vervollkommnung.

86. Das Geheimnis der wahren Psychologie

Es fehlt den Menschen so sehr an Einfühlungsvermögen, weil sie sich allzu sehr mit sich selbst beschäftigen. Wie vom Schleier der niederen Natur blind gemacht, können sie nicht erkennen, was im Kopf oder im Herzen anderer vor sich geht. Selbst wenn sie einen Menschen lieben, hindert sie dieser Schleier daran, es wahrzunehmen; so sind sie manchmal erstaunt, wenn sie bei ihrer Frau, ihrem Mann, ihren Kindern oder Freunden plötzlich Veränderungen feststellen, die sie weder vorausgesehen noch vorausgeahnt hatten. Nur wer seine niedere Natur beherrscht und fähig geworden ist, seinen eigenen Vorteil zu vergessen, kann andere wirklich erkennen und verstehen.

Ich will euch eine Methode erläutern, die es euch ermöglicht, über die Grenzen eures individuellen Bewusstseins hinauszukommen. Mit Hilfe der Vorstellungskraft schwingt euch weit nach oben, um euch dort mit dem Wesen zu verbinden, das alles umfasst, das alle Geschöpfe in sich trägt und ernährt. Fragt euch, wie es sich die Zukunft der Menschheit vorstellt, was es für Pläne für sie und ihre Evolution hat. Wenn ihr versucht, euch diesem unendlich großen und lichten Wesen zu nähern, macht sich euer Unterbewusstsein, euer Bewusstsein und euer Überbewusstsein an eine umfangreiche Arbeit. Was ihr dann an Empfindungen und Erfahrungen erlebt, ist unaussprechlich. Macht diese Übung so lange, bis ihr spürt, dass es euch gelingt, mit diesem Ozean des Lichtes – mit Gott – zu verschmelzen. Wenn diese Übung für euch zur Gewohnheit geworden ist und es euch gelingt dank der Kommunion mit den höchsten Wesen Augenblicke tiefster Erfüllung zu erleben, könnt ihr beginnen, in das Bewusstsein der Menschen hinabzusteigen, um sie kennen zu lernen, ihre Bedürfnisse und Leiden zu erspüren. Auf diese Weise vollbringt ihr eine konstruktive Arbeit für die ganze Menschheit.

87. Sucht Seele und Geist der Menschen nicht in Äußerlichkeiten

Lernt, eure Mitmenschen mit einem heiligen Gefühl zu betrachten und ihr werdet hinter ihren Kleidern, hinter der Form ihres Gesichts oder ihres Körpers ihre Seele und ihren Geist entdecken, die Töchter und Söhne Gottes sind. Alle von euch bis jetzt vernachlässigten, verlassenen und verachteten Geschöpfe erscheinen euch außerordentlich wertvoll, wenn ihr lernt, euch mit ihrer Seele und ihrem Geist zu befassen. Selbst der Himmel, der sie in dieser Verkleidung auf die Erde schickte, betrachtet sie als Schatz, als Gefäße des Göttlichen. Beachtet also bei allen Menschen, die euch begegnen, nicht so sehr die körperliche Erscheinung, das Vermögen, die Stellung oder die Bildung, sondern die Seele und den Geist, sonst lernt ihr nie das Wesentliche kennen. Sagt euch, dass selbst jene, die hier als Bettler oder Landstreicher umherziehen, in Wirklichkeit in den Augen des Schöpfers Prinzen und Prinzessinnen sind.

88. Lieben ohne Gefahr für die anderen

Wenn ihr einen Menschen liebt, so denkt daran, statt euch egoistisch an ihn zu klammern, ihn mit dem Himmel, mit der unerschöpflichen Quelle des Lebens zu verbinden, damit er dort unablässig trinken und sich regenerieren kann. Nichts ist wichtiger als zu wissen, wie man liebt. Wenn ihr dem geliebten Menschen Glück und Entfaltung wünscht, so versucht, nicht so sehr an euch selbst zu denken, sonst zieht ihr ihn in die niederen Regionen eurer Wünsche und Begierden. Lieben bedeutet nicht, einen Menschen an sich zu ziehen, sondern im Gegenteil, sich zu überwinden, weil man etwas Großes für ihn tun will. Und es gibt nichts Größeres, als einen Menschen mit der göttlichen Quelle zu verbinden.

Nähert euch dem Menschen, den ihr liebt, betrachtet ihn, nehmt ihn in eure Arme und verbindet ihn mit dem Himmel, mit der Göttlichen Mutter, mit Christus, dem Himmlischen Vater, dem Heiligen Geist..., und selbst wenn ihr nicht eng genug mit ihm befreundet seid, um ihn in die Arme zu nehmen, versucht, ihn in Gedanken mit der Quelle des Lichtes zu verbinden; wünscht ihm, dass er das neue Leben versteht, wünscht ihm, dass er einen Frieden erfährt, den er noch niemals gekostet hat. Eure Liebe sollte immer zur Entfaltung des geliebten Menschen beitragen.

89. Lieben, ohne sich selbst zu gefährden

Die Liebe ist eine Kraft, die bewirkt, dass ihr dem Menschen gleich werdet, den ihr liebt. Wenn ihr einen egoistischen, vulgären, unehrlichen und boshaften Menschen liebt, so machen sich nach und nach seine Schwächen in euch breit, und ihr gleicht ihm schließlich. Wenn ihr euch hingegen auf den Herrn konzentriert, Ihn liebt und euch dabei bewusst seid, dass Er Unendlichkeit ist, ein Ozean von Licht und Leben, so erweitert und erhellt sich euer Bewusstsein nach und nach, und das göttliche Leben beginnt in euch zu fließen. Achtet also darauf, wen ihr liebt! Natürlich kann man alle

Menschen lieben, man soll es sogar. Aber um euch nicht ihren Schwächen anzugleichen, müsst ihr zuerst den Herrn lieben. Wer den Herrn liebt, kann lieben, wen er will, für ihn besteht keine Gefahr mehr, denn die göttliche Liebe wird ihn stärken und über die Gefahren erheben.

Wenn ein Rettungsschwimmer ins Wasser springt, um einen Ertrinkenden herauszuziehen, bietet er ihm seine Füße zum Festhalten an; wenn der Ertrinkende sich jedoch an die Arme klammern will, muss ihn der Retter mit einem Schlag bewusstlos machen; nur so kann er ihn retten, denn sonst würde er mit ihm ertrinken. Auch ihr solltet die Arme für Gott freihalten und den Menschen die Füße anbieten! Gebt ihnen nicht eure ganze Liebe, sonst geht ihr mit ihnen verloren. Viele Menschen lieben irgendwen, irgendwann und irgendwie und sagen dann, die Liebe brächte nur Unglück. Nein, niemals! Ihrer Unwissenheit über die Liebe verdanken sie alles Unglück, nicht der Liebe selbst, denn die Liebe ist Gott, und Gott kann kein Übel bringen. Ihr müsst zuallererst Gott lieben und euch von Seinen Schwingungen durchdringen lassen, dann könnt ihr gefahrlos andere lieben und ihnen helfen. Weil ihr mit der göttlichen Quelle verbunden seid, könnt ihr eure Kräfte verschenken, ohne euch zu schwächen, denn das Wasser in euch erneuert sich unablässig. Wenn ihr aber diese Verbindung abbrecht, seid ihr schnell erschöpft, da eure eigenen Reserven nicht unerschöpflich sind.

90. Wer durch Gott reich wird, kann den Menschen helfen

Ihr dürft euch niemals vom Himmel abwenden, weder wegen eures Kindes noch eurer Frau oder eures Mannes, denn nur wenn ihr mit dem Himmel verbunden bleibt, könnt ihr Gutes tun. Ihr wendet ein: »Aber was ist daran schlecht, wenn man dem Beruf, seiner Frau, seinen Kindern oder Freunden seine Zeit widmet?« Natürlich nichts, es ist sogar ganz in Ordnung als pflichtbewusster, engagierter, gewissenhafter Mensch zu handeln. Aber das darf nicht so weit gehen, dass man den Himmel vergisst. Gefühlsduselei und blinde Anhänglichkeit führen zu nichts.

Wie handelt im Notfall ein Vater, der seine Familie wirklich liebt? Er hat den Mut, sie für einige Zeit zu verlassen, um im Ausland Geld zu verdienen. Ein anderer hingegen, der seine Familie nicht so sehr liebt, bringt nicht den Mut auf fortzugehen. Ihr seht also, der erste hat scheinbar seine Familie verlassen, aber dadurch hilft er ihr, denn er geht ins Ausland, um Geld zu verdienen, und alle freuen sich, wenn er zurückkommt. Der zweite dagegen, der seine Familie nicht verlassen wollte, überlässt sie und sich selbst der Armut.

Was lehrt uns diese Parabel? Wer Mann oder Frau, Kinder und Freunde wirklich liebt, weiß, welche Vorteile es bringt, sie von Zeit zu Zeit zu verlassen und »ins Ausland zu gehen«, d. h. in die göttliche Welt, wo er Reichtümer ansammelt. Nach seiner Rückkehr verteilt er an alle Geschenke. Derjenige hingegen, der dies nicht begreift, bleibt bei seiner Familie. Was kann er ihr aber geben? Nichts Besonderes, Nebensächlichkeiten, ein paar übrig gebliebene Brotkanten aus der Vorratskammer. Und wie lange soll man im »Ausland« bleiben? Das ist unterschiedlich, vielleicht eine halbe oder eine ganze Stunde, vielleicht einen ganzen Tag. Die einzig wahre Liebe ist die, welche den Menschen die unverfälschten Schätze des Himmels bringt.

91. Der Kreislauf der Liebe

Fragt euch nicht, ob derjenige, den ihr liebt, euch ebenfalls liebt. Warum? Weil die Liebe vom einen zum anderen fließt. Man empfängt sie und muss sie weitergeben. Was ihr dem geliebten Menschen gebt, gibt dieser wiederum weiter an denjenigen, den er liebt. Und so bildet sich eine Kette, ein Kreislauf, der von euch ausgeht und durch Tausende von Menschen zu euch zurückkommt.

Um diesen Prozess richtig zu begreifen, brauchen wir uns nur vorzustellen, dass wir alle wie

Bergsteiger am gleichen Seil gesichert sind. Jeder muss vorwärts gehen, und das Seil muss gespannt bleiben. Wenn ihr zum Vordermann sagt: »Ich liebe dich, dreh dich doch um und schau mich an«, dann hindert ihr die ganze Kolonne am Weitergehen. Sich umdrehen, auf einen anderen zugehen, bedeutet rückwärts gehen. Es bedeutet, dem Seil die Spannung zu nehmen, die anderen, die vor uns sind, am Weitergehen zu hindern und für die, die nachkommen, den Weg zu versperren. Jeder sollte in die gleiche Richtung gehen, in die sich die ganze Kette bewegt. Wir dürfen nicht anhalten, um uns gegenseitig anzuschauen oder miteinander zu sprechen. Wir müssen immer, ohne Rast und Ruhe, ohne Schwäche bis zum Gipfel weitergehen.

92. Die Liebe belohnt sich selbst

Unser Herz soll mit Liebe zu den Menschen erfüllt sein, denn sie alle sind unsere Brüder. Wir müssen an sie denken und ihnen helfen, ohne die geringste Belohnung zu erwarten, denn in Wirklichkeit haben wir schon die Belohnung, nämlich die innere Beglückung und Wärme, die uns erfüllt, wenn wir lieben. Das ist eine große Belohnung, es gibt keine größere im Leben.

Wenn ihr immer erwartet, für alles belohnt zu werden, macht ihr eure falsche Einstellung offenkundig. Wer in das Geheimnis der Liebe eingedrungen ist, erwartet nichts: Er gibt alles umsonst. Und weil er beständig in Fülle und Freude lebt, strahlt er dies auch aus. So gewinnt er das Vertrauen von vielen Freunden. Wo findet ihr eine größere Belohnung?

93. Wer sich den anderen öffnen kann, kennt keine Einsamkeit

Viele Menschen klagen über Einsamkeit! Obwohl sie von vielen Personen umgeben sind, fühlen sie sich einsam. In Wirklichkeit isoliert sie ihr eigenes Verhalten. Sie können sich nicht öffnen, sie können nicht lieben, sie bringen es nicht fertig, ein paar ermutigende oder tröstende Worte zu sagen; sie sind unfähig zu geben; sie erwarten immer, dass die anderen auf sie zugehen. Aber die anderen sind oft sehr beschäftigt, sie haben auch ihre Sorgen. Deshalb hört man überall nur Klagen: »Niemand besucht mich, niemand liebt mich, niemand interessiert sich für mich.« Und warum sollten immer die anderen sie lieben und sich für sie interessieren? Wenn ihr unter Einsamkeit leidet, so bleibt nicht untätig. Anstatt euch in einer Ecke vor Kummer zu verzehren und auf die Aufmerksamkeit und die Liebe der anderen zu warten, macht selbst den ersten Schritt, geht auf sie zu. Wenn Licht und Liebe da sind, gibt es keinen Grund, sich einsam zu fühlen. Fühlt ihr euch dennoch einsam, so deshalb, weil ihr das Reich der Liebe und des Lichtes verlassen habt.

Wie oft habe ich schon darauf hingewiesen, dass ihr eure egozentrische Haltung aufgeben sollt, um etwas für die anderen zu tun. Natürlich muss man oft der Erziehung, die man genossen hat, die Schuld geben. »Sei nicht dumm, mach' nicht immer den ersten Schritt, lass' die anderen auf dich zukommen«, raten die Eltern ihren Kindern. Natürlich kommen die Leute vielleicht auf sie zu, aber nur dann, wenn sie für die anderen etwas Nützliches einbringen. Wenn ihr Bäcker seid, kommt man bei euch Brot kaufen. Um bei anderen gefragt zu sein, muss man etwas geben können. Wer nichts zu geben hat, der zieht auch keinen an und bleibt allein. Ihr dürft es den anderen nicht vorwerfen, wenn sie nicht auf euch zukommen. Seid liebenswürdig und ihr werdet sehen wie sie kommen! Schaut eine aufgeblühte Rose an, sie verbreitet einen köstlichen Duft und alle kommen herbei, um an ihr zu riechen, sogar Bienen und Schmetterlinge – weil sie sich geöffnet hat. Weshalb bleibt ihr also verschlossen und ohne Duft?

94. Allein die göttliche Gegenwart kann die Seele des Menschen wirklich erfüllen

Jeder sehnt sich danach, einem Menschen zu begegnen, an dessen Seite er vertrauensvoll auf dem Weg des Lebens voranschreiten kann, jemanden mit dem er seine intimsten Gedanken und Gefühle austauschen kann. Aber so jemand lässt sich schwer finden. In wie vielen Romanen, Filmen und Theaterstücken schilderten Männer und Frauen die Ängste und das Leid, die aus der Unmöglichkeit erwuchsen, einen solchen Menschen zu finden. In Wahrheit kann die menschliche Seele nur durch Gott vollständig und endgültig ihre Erfüllung finden. Wer die Einsamkeit überwinden und sich jeden Tag von grenzenloser Freude und unermesslichem Glück erfüllt fühlen möchte, muss sich mit Gott vereinen.

Einsamkeit ist ein Bewusstseinszustand, den selbst die größten Eingeweihten erfahren haben. Auch Jesus hat diese finstere und öde Region durchschritten, als er ausrief: »Mein Gott, mein Gott, warum hat Du mich verlassen?« (Mt 27,46). Alle werden eines Tages diese schreckliche Einsamkeit kennen lernen. Warum? Weil man nicht wirklich Glauben, Hoffnung und Liebe entwickeln kann, wenn man glücklich, zufrieden und von Freunden umgeben ist, sondern nur, wenn man sich in seinem Innersten einsam und verlassen fühlt. Es gibt kein anderes Mittel zur Überwindung der Einsamkeit, als sich auf das Wesen zu stützen, auf dem das Universum ruht. Man muss an dieses unsterbliche Wesen glauben, ihm Liebe und Hoffnung entgegenbringen.

95. Der Weg durch die Wüste

Im spirituellen Leben kommt es vor, dass man sich innerlich so fühlt, als wandere man durch dürre, wüstenartige Regionen. Man ist lustlos, alles ist fad und fremd. Das ist der schlimmste Zustand, in dem sich ein Spiritualist befinden kann. Das Schlimmste ist nicht, krank zu werden, Geld zu verlieren oder einen Misserfolg zu erleiden, sondern keine Liebe, keine Begeisterung und keinen Glauben mehr zu haben. Und weil jeder von euch das einmal erfahren kann, müsst ihr wissen, wie man sich in dieser Lage verhält.

Auch mitten in der Wüste könnt ihr sagen: »O Herr, ich bin in Deinen Händen. Du hast meinen Weg vorgezeichnet; ob nun Wasser da ist oder nicht, ich gehe weiter, ich stehe Dir zu Diensten. Herr, ich liebe Dich, bitte hilf mir.« Das ist alles. Ihr dürft es nicht hinnehmen, einfach so euren Glauben und eure Liebe zu verlieren, sondern ihr müsst weitermachen mit noch größerem Eifer und doppelt so viel Glauben. Denn nur darin liegt euer Heil. Verharrt nicht bei dem Eindruck, euch mitten in der Wüste verirrt zu haben, sondern unternehmt alles Mögliche, um weiterzukommen, dann findet ihr schon irgendwo eine Frucht oder Wasser. Auch mitten in der Wüste gibt es Oasen. Geht also weiter, bis ihr innerlich eine Oase erreicht, in der ihr

Wasser findet, um euren Weg fortsetzen zu können. Dieses Wasser heißt Demut, heißt Liebe.

96. Die Reinheit ermöglicht den Kontakt mit der göttlichen Welt

Ihr beklagt euch, der Himmel sei taub und grausam, er antworte nicht auf eure Hilferufe. In Wirklichkeit seid ihr in die göttliche Welt eingetaucht. Ihr fühlt euch nur so sehr von ihr getrennt und isoliert, weil ihr durch eure niederen Gedanken und Gefühle dichte Schichten gebildet habt, die wie eine Wand verhindern, dass ihr euch mit der göttlichen Welt verbindet. Wenn ihr beschließt, an euch zu arbeiten, euch zu reinigen und eure feinstofflichen Körper empfänglich und empfindsam zu machen, werdet ihr feststellen, dass es in Wirklichkeit keine Trennung zwischen euch und dem Himmel gibt.

Für einen Spiritualisten ist es sehr wichtig, dass er weiß, wie er Unreinheiten aus seinem psychischen Organismus entfernen kann. Daher sollten die Reinigungsübungen in seinem Leben einen sehr großen Platz einnehmen. Und nicht nur die Reinigung mit physischen Mitteln wie Atemübungen, Waschungen, Fasten usw., sondern auch die Reinigung mit spirituellen Mitteln wie Konzentration und Gebet. Dank dieser Übungen führt er in sich eine Substanz ein, die alle fremden und schädlichen Elemente auflöst, und dann kann das göttliche Leben wieder fließen. Denkt also mehrmals am Tag an die Reinigung, an die Läuterung. Lasst in euch das reine Wasser des Himmels fließen. Diese Reinheit bringt euch nicht nur viel Segen, sondern sie bewirkt auch, dass eure Gegenwart wohltuend auf andere wirkt. Ihr tut allen Geschöpfen, denen ihr begegnet, etwas Gutes, ihr erhellt sie und verbindet auch sie mit dem Himmel.

97. Der Himmel antwortet nur auf Lichtsignale

Um die himmlischen Wesenheiten anzuziehen und in ihnen den Wunsch zu erwecken, euch zu helfen, müsst ihr ein Leben im Einklang mit den göttlichen Gesetzen führen. Sonst verschließen sie Augen und Ohren, sehen und hören nichts und lassen euch weiterhin im Dunkeln tappen. Nur durch eure Lebensweise könnt ihr ihre Aufmerksamkeit auf euch ziehen. Sie müssen Signale, Lichtströme sehen. Nur wenn sie von weitem ein Geschöpf sehen, das jeden Tag durch Herz, Seele und Geist Funken sprüht und ein Feuerwerk in den schönsten Farben hervorbringt, sagen sie sich: »Oh, was ist dort für ein schönes Fest, lasst uns hingehen!« Sie nähern sich, freunden sich mit diesem Menschen an und lassen sich oft sogar in ihm nieder, um ihm zu helfen; und so wird für diesen Menschen alles leicht. Deswegen lohnt es sich, eure Lebensweise zu verbessern, damit ihr die Hilfe und sogar die Gegenwart all dieser Lichtwesen anzieht, die euch dann bei eurer spirituellen Arbeit helfen.

98. Dankbarkeit, der Schlüssel zum Glück

Ihr beklagt euch: »Ich bin so unglücklich!« – »Ja, ich verstehe, aber hast du heute schon gedankt?« – »Bei wem soll ich mich bedanken und wofür?« – »Kannst du gehen und atmen?« – »Ja.« – »Hast du schon gefrühstückt?« – »Ja.« – »Kannst du den Mund öffnen und sprechen?« – »Ja.« – »Dann danke dem Herrn, denn es gibt Menschen, die weder laufen, noch essen, noch den Mund öffnen können.« Ihr seid unglücklich, weil es euch bis jetzt nicht in den Sinn kam zu danken. Um euren Zustand zu ändern, solltet ihr zuallererst einsehen, dass es nichts Wunderbareres gibt, als die Tatsache, lebendig zu sein, laufen, sehen und sprechen zu können. Wisst ihr eigentlich wie viele Milliarden und Abermilliarden Wesen, Elemente und Teilchen allein damit beschäftigt sind, einen Menschen am Leben zu erhalten? Darüber seid ihr euch nicht im Klaren, aber ihr regt euch immer auf und seid unzufrieden. Seid dankbar! Dankt dem Himmel von morgen an schon beim Erwachen. Es gibt so viele Menschen, die gar nicht mehr erwachen oder gelähmt erwachen! Sagt: »O Herr ich danke Dir, Du hast mir heute wieder Leben und Gesundheit geschenkt, ich will Deinen Willen erfüllen.«

Eure Begabungen, eure Talente und eure Tugenden sind in Wirklichkeit Himmelsboten, die sich in euch niedergelassen haben, um eine Arbeit zu vollbringen. Das muss euch bewusst sein, denn wenn ihr anfangt, auf eure Erfolge derart stolz zu sein, als handele es sich um euren eigenen Verdienst, entfernen sich diese Freunde auf die eine oder andere Weise von euch, und ihr verliert diese Talente und Tugenden. Wie viele Menschen haben aufgrund ihres Hochmuts schon ihre Begabung verloren! Andere dagegen haben dank ihrer Demut gute Eigenschaften angezogen oder verstärkt.

Wenn ihr euch manchmal ohne besonderen Grund glücklich fühlt oder voller Begeisterung seid, müsst ihr wissen, dass ihr dies dem Besuch himmlischer Geschöpfe verdankt. Wenn ihr nicht schätzt, was sie für euch tun, wird dieser Zustand ein rasches Ende finden. Danach könnt ihr euch lange darum bemühen, ihn aufs Neue zu erlangen, es ist vorbei, diese Geschöpfe besuchen euch nicht mehr, schauen euch nicht mehr an, lächeln euch nicht mehr zu, sprechen nicht mehr zu euch und rühren keinen Finger mehr für euch. Das Einzige, was die Lichtgeister erzürnen kann, ist Undankbarkeit. Sie haben es gern, wenn man ihre Liebe und Großzügigkeit schätzt. Eure Fehler und Schwächen kennen und entschuldigen sie sogar –

sie halten sich nicht damit auf, im Gegenteil. Sie sagen: »Oh, in welcher Lage stecken die Armen, wir müssen ihnen helfen!« Aber wenn sie sehen, dass ihr ihre Anwesenheit nicht zu schätzen wisst, verlassen sie euch. Nicht dass sie eure Dankbarkeit bräuchten, aber sie wissen, dass euch all das, was sie euch geben können, nie wirklich nützen wird, wenn ihr es nicht zu würdigen wisst. Vergesst also nicht: Der beste Schlüssel, das größte Geheimnis, um glücklich zu sein und voranzukommen, ist die Dankbarkeit. Solange ihr die Geschenke des Himmels zu schätzen wisst, verlässt er euch nicht.

99. Wie man den bösen Kräften entkommt

Nehmen wir an, ihr hättet euch auf einem Waldspaziergang verirrt. Ihr habt die Straße verlassen und seid einem Weg gefolgt, der euch in eine sumpfige Gegend geführt hat, in der es von Fliegen, Wespen, Mücken und Schlangen wimmelt. Ihr werdet bedroht, angefallen und gestochen. Was hättet ihr gleich am Anfang beim Verlassen der Straße tun sollen? Die Flucht ergreifen, umkehren, den Weg zurücklaufen, um wieder auf die Straße zu kommen. Denn wie wollt ihr euch von all diesem Getier befreien? Die einzige Lösung ist, ihren Bereich zu verlassen. Das Gleiche gilt, wenn ihr euch unvorsichtigerweise in die niederen Astralebenen verirrt habt, die von bösartigen

Wesenheiten bevölkert sind, welche euch sogleich stechen und beißen: Verlasst eilends diesen Ort!

Im psychischen Bereich der Gedanken, Emotionen und Gefühle sollte man sich lieber nicht lange den negativen Strömungen aussetzen, denn dort droht Gefahr, und es ist immer besser, die Konfrontation zu vermeiden. Wenn ihr lange in der Dunkelheit bleibt, könnt ihr sie nicht besiegen; sie dagegen wird euch besiegen. Lebt ihr lange in Hass, zerstört euch am Ende der Hass. Wenn ihr in Angst, Sinnlichkeit, Leidenschaften und Bosheit verharrt, gewinnen sie die Oberhand und nicht ihr. Am besten kehrt ihr ihnen sofort den Rücken.

Die materielle und die psychische Ebene werden nicht von den gleichen Gesetzen regiert. Auf der materiellen Ebene muss man Willenskraft, Ausdauer und Hartnäckigkeit unter Beweis stellen. Dort darf man die Flinte nicht ins Korn werfen, sondern man muss mit vollem Einsatz kämpfen, um stärker zu werden. Im psychischen Bereich sollte man sich jedoch nicht mit den feindlichen Kräften anlegen. Ihr fragt: »Aber wie kann man ihnen entkommen?« Da gibt es so viele Möglichkeiten! Das Gebet ist eine der wirksamsten.

100. Die sicherste Zuflucht: das Gebet

Durch das Gebet erheben wir uns bis in die Lichtwelt, in welche der Herr alles legte, was wir für Gleichgewicht, Frieden und Entfaltung brauchen. Möglicherweise weiß der Herr selbst nicht, dass wir etwas brauchen; und es ist übrigens auch gar nicht nötig, dass Er es weiß. Da uns dort alles zur Verfügung steht, ist es an uns, diese Regionen zu erreichen und aus ihnen alle Elemente herauszuholen, die unser Herz und unsere Seele ersehnen, oder gar in ihnen Zuflucht zu finden.

Ein Beispiel soll das veranschaulichen: Ihr werdet von Feinden verfolgt und lauft so schnell ihr könnt, um ihnen zu entkommen. Endlich geratet ihr völlig außer Atem und staubbedeckt in eine Versammlung von Menschen hinein, die gerade essen, trinken und sich an Gesang, Tanz und Wohlgerüchen erfreuen. Keiner sagt zu euch: »He, du, was machst du denn da? Du bist hier nicht erwünscht, geh fort!«. Im Gegenteil, man empfängt euch, gibt euch das Nötige zum Waschen und saubere Kleider und lädt euch zum Festmahl ein. Indessen bleiben eure Feinde vor der Tür und können euch nicht schaden. Nun, genauso wirkt das Gebet: Ihr lauft und lauft, d. h. ihr entkommt den schädlichen Strömungen und bösen Wesenheiten, die euch verfolgen, und gelangt an einen Ort, an dem sich der Herr in heiterer Stimmung der Gesellschaft von Engeln, Erzengeln und allen göttlichen Wesen erfreut. Der Herr ist gern bereit, euch in ihrer Mitte aufzunehmen. Ihr bleibt dort, solange ihr es wünscht; und eure Feinde müssen unverrichteter Dinge den Rückzug antreten. Ihr selbst kehrt glücklich und zufrieden nach Hause zurück. Wenn ihr also in Zukunft unglücklich seid oder nicht mehr weiter wisst, jammert und klagt nicht bei allen, nehmt keine Beruhigungs- oder Aufputschmittel, sondern versucht vielmehr, die Region zu wechseln, nehmt Zuflucht zum Gebet – einem wunderbaren und sehr wirksamen Mittel, das uns die größten Meister gelehrt haben. In den schlimmsten Situationen denkt daran, dass nichts jemals endgültig ist und dass man nur darauf bedacht sein muss, einen Ortswechsel vorzunehmen. Ja, einen Ortswechsel. Der Herr sucht euch nicht dort auf, wo ihr euch befindet, Er holt euch nicht aus der Hölle heraus, um euch in den Himmel zu heben. Ihr selbst müsst euch die Mühe machen, euch bis zu Ihm emporzuschwingen.

101. Belebt die erlebten spirituellen Freuden wieder

Wenn es euch gelingt, euch in einen positiven Zustand zu versetzen, dann stellt sich die Frage, was zu machen ist, damit er andauert. Wenn ihr einen Zustand der Harmonie, der Fülle erlebt habt, ist es tatsächlich so, als hättet ihr einen Abdruck davon eingraviert. Diese Prägung bleibt unauslöschbar in euch bestehen. Ihr fragt: »Warum bleibt dieser Zustand nicht erhalten, warum fühlt man sich schon kurz darauf unruhig und mutlos?«

Weil das Leben beständig im Fluss ist: Augenblicke folgen einander und bringen ständig neue Eindrücke und Ereignisse mit sich. Da ihr nicht aufmerksam genug wart, gelang es euch nicht, bei denselben Einprägungen zu verweilen, ihr habt euch von anderen neuen Ideen, Gefühlen und Handlungen mitreißen lassen, und Friede und Freude verließen euch. Ihr solltet aber wissen, dass die Einprägungen all dessen, was ihr erlebt, noch irgendwo in euch aufbewahrt sind, wie Schallplatten oder Tonbänder in eurem Musikschrank gestapelt sind. Wenn ihr euch eines Tages erinnert, dass da eine wunderbare Stimme himmlische Melodien sang, könnt ihr diese Platte herausholen, sie auf euren inneren »Plattenspieler« legen, und schon seid ihr wieder hingerissen und gefangen von ihrem Zauber, und ihr erlebt den gleichen Zustand aufs Neue. Ihr dürft nur nicht vergessen, diese göttlichen Aufzeichnungen ab und zu abzuspielen, sie von neuem anzuhören.

Natürlich ist man im Leben oft betrübt und geplagt, aber glaubt mir, man kann trotz allem diese erhabenen Bewusstseinszustände wiederherstellen, bewahren und aufrechterhalten. Man muss nur immer wieder die Gewohnheit pflegen, der göttlichen Welt gegenüber ständig aufmerksam und wach zu sein, schon vom Morgen an daran denken, alle Handlungen des Alltags mit zum Himmel gerichteten Gedanken auszuführen.

Wenn ihr euch angewöhnt, diese Haltung den ganzen Tag über zu erhalten, dann werdet ihr sehen, dass euch nichts für längere Zeit erschüttern kann. Natürlich können uns manche Ereignisse aus der Fassung bringen, das bestreite ich nicht: eine schlechte Nachricht zum Beispiel, eine Krankheit oder ein Unfall. Aber wenn ihr euch angewöhnt habt, in euch innerlich die positiven Zustände aufrechtzuerhalten, dann überwindet ihr solche Problemsituationen viel schneller, weil ihr verstanden habt, dass Gott nicht der Materie, sondern dem Geist in euch Allmacht gegeben hat.

Bewahrt also sorgsam und möglichst lange alles Himmlische, das ihr erlebt habt, denn jeder erlebte Augenblick ist ewig, und ihr könnt ihn wieder herbeirufen. Er ist in euch aufgezeichnet, und niemand kann ihn euch nehmen.

102. Lasst euch durch nichts erschüttern

Ihr sollt mit Menschen zusammenkommen, mit ihnen leben, ihnen helfen und sie lieben, aber euch davor hüten, ihre Schwächen zu teilen. Gebt ihnen einige Partikel, einige Strahlen eures Herzens und eurer Seele, verliert aber dabei nichts von eurem Ideal, d. h. macht keine Zugeständnisse was die geistigen Prinzipien betrifft und nehmt sie nicht auf die leichte Schulter. Bleibt immer ehrlich, aufrichtig und redlich. Zeigt euch anpassungsfähig, aber bleibt gleichzeitig fest und unerschütterlich in eurer Überzeugung!

Ein wahrer Diener Gottes bleibt unerschütterlich in seiner Liebe und seinem Glauben, auch wenn man ihn in Stücke reißt. Um aber diese Standhaftigkeit zu erwerben, muss man über die Kenntnisse des Einweihungswissens verfügen. Wer sich einbildet, ohne diese Kenntnisse in die Wirbel des Lebens eintauchen und heil herauskommen zu können, täuscht sich. Es kann euch so vieles verführen, irreleiten und aus dem Gleichgewicht bringen! Wenn ihr eure Kräfte überschätzt, unterliegt ihr, wie die anderen. Also lernt, entwickelt euren Willen und strengt euch vor allem an, damit alle Wahrheiten der Einweihungslehre in euch lebendig bleiben. Sagt euch: »Ich weiß, dass ich den Gegebenheiten des täglichen Lebens nicht entgehen kann, doch ich muss wachsam sein und darf weder Begeisterung noch Hoffnung verlieren, was auch geschehen mag.« Haltet euch an diesen Wahrheiten fest, macht dank Meditation und Gebet einige tiefe Atemzüge, tankt Sauerstoff auf und stellt euch anschließend der Wirklichkeit! Dann werdet ihr wahrlich stark und mächtig.

103. Wie ihr erkennt, ob ein Mensch einen günstigen Einfluss auf euch hat

Ihr trefft häufig einen Menschen und wisst

nicht, ob das gut für euch ist. Das ist ganz einfach: Spürt ihr, dass dieser Mensch euch die Dinge klarer sehen lässt, in euch Großzügigkeit und Güte erweckt, euch zum Arbeiten anregt, dann solltet ihr ihn weiterhin treffen. Was man auch immer über ihn sagen mag – er tut euch gut, und das ist das Wichtigste. Wenn ihr dagegen feststellt, dass beim Zusammentreffen mit jemandem in euch alles durcheinandergerät, dass ihr nicht mehr wisst, wo euch der Kopf steht, ihr für andere nur noch feindselige oder ablehnende Gefühle empfindet und ihr nicht mehr so unternehmungslustig seid, dann versucht, diesen Menschen zu meiden. Lasst ihn fallen, selbst wenn es sich um eine Berühmtheit oder einen Multimillionär handelt, weil er einen schlechten Einfluss auf euch hat.

104. Öffnet euch den günstigen Einflüssen

Wenn euch eine Blume entzückt, fühlt ihr sofort, dass sie wie ein Wesen gegenwärtig ist, das durch Farbe, Form und Duft zu euch spricht. Sie bahnt sich einen Weg durch eure feinstofflichen Körper hindurch, um in eurer Seele die Form, den Duft und die Farbe zu erwecken, die ihr entsprechen. Das Gleiche gilt selbstverständlich auch bei einem abstoßenden Gegenstand: Ihr habt das Gefühl, als ob jemand schädliche Elemente in euch einführt.

Alles was euch umgibt, übt einen Einfluss auf

euch aus, auch wenn ihr euch dessen nicht bewusst seid. Aber gerade darauf kommt es an, dass ihr euch dessen bewusst werdet, damit ihr wachsam werdet und euch möglichst nur guten Einflüssen aussetzt. Sobald ihr fühlt, dass euch ein Geschöpf oder ein Gegenstand günstig beeinflusst, solltet ihr bewusst eure inneren Türen öffnen, damit diese Einflüsse tief in euch eindringen. Wenn ihr euch nicht öffnet, bleiben selbst die besten Dinge ohne Wirkung, sie berühren euch nicht.

Also, geht zu einem Bach oder zu einer sprudelnden Quelle und stellt euch vor, sie sei das Abbild der wahren Lebensquelle, die in euch fließen und sprudeln soll. Geht zur Sonne, betrachtet sie und öffnet euch, damit sie in euch die spirituelle Sonne mit ihrer Wärme und ihrem Licht erweckt. Geht zu den Blumen und bittet sie um das Geheimnis ihres Duftes. Hört ihnen zu, damit auch ihr lernt, die duftendsten Quintessenzen aus eurem Herzen und eurer Seele zu gewinnen. Wenn ihr darauf achtet, euch nur den harmonischen, schönen und reinen Einflüssen zu öffnen, werdet ihr selbst ein Segen für all jene, die sich euch nähern.

105. Der Einfluss künstlerischer Schöpfungen

Alles, was der Mensch sieht oder hört, hat eine Auswirkung auf sein Nervensystem. Wenn heute so viele Menschen psychische Störungen haben, so deshalb, weil sie immer mehr in Unordnung und Hässlichkeit leben. Sogar die Kunst, die sie eigentlich mit der Welt der Harmonie und der Schönheit verbinden sollte, erfüllt nicht mehr ihre Aufgabe. Die Dichtung ist nur noch eine Aneinanderreihung von Wörtern, aus denen jeder das herausliest, was er will, die Musik besteht aus seltsamen Geräuschen und gewalttätigen, synkopischen Rhythmen; die Malerei zeigt Linien, die in alle Richtungen auseinander laufen und eine Farbgebung, die dem Zufall überlassen bleibt. All das beeinflusst die Menschen sehr negativ und führt sie zum Chaos zurück. Wählt also sorgfältig aus, welche Bücher ihr lest, welche Musik ihr hört und welche Bilder ihr euch anschaut. Versucht, euch nur mit den Meisterwerken von wirklich erleuchteten Künstlern zu befassen, damit ihr euch mit Daseinsformen verbindet, die über euch stehen. Auf diese Weise beginnt ihr, das zu verstehen und zu erleben, was diese Menschen erlebten und welche Wege sie gegangen sind. Dann müsst ihr ihnen auf diesen Wegen fast zwangsläufig folgen. Sie nehmen euch mit hinauf in Regionen, die sie schauten und erkundeten, und auch ihr dürft in diesen Regionen das wahre Leben kosten.

106. Hantiert bewusst und liebevoll mit allen Gegenständen

Jeden Tag benutzt ihr so viele Geräte, Utensilien und Gegenstände aller Art! Und meistens hantiert ihr unkonzentriert mit ihnen, geht unsanft oder gar grob damit um. Warum fasst ihr sie nicht bewusst und liebevoll an? Selbst wenn ihr den Gedanken ablehnt, dass die Art und Weise, wie ihr mit den Gegenständen umgeht, sich schlecht oder gut auf sie auswirken kann, so müsst ihr doch zugeben, dass sie sich auf jeden Fall auf euch auswirkt. Probiert es aus und ihr werdet merken, dass es nicht die gleiche Wirkung hat, ob man mit Gegenständen grob oder liebevoll umgeht. Was immer man tut, man muss den rechten Umgang lernen, indem man versucht, mit seinen Händen besser, spiritueller umzugehen.

107. Weiht Orte und Gegenstände

Ihr habt ein Haus, eine Wohnung oder wenigstens ein Zimmer, und ihr benützt jeden Tag eine Anzahl von Gegenständen. Diese Gegenstände und Wohnräume solltet ihr der Gottheit weihen, damit sie nur dem Guten dienen. Bittet den Himmel, euch die Hilfe lichtvoller Wesen zukommen zu lassen, damit Orte und Gegenstände von allen negativen Einflüssen und Teilchen befreit werden.

Dann weiht sie einer Tugend, einem himmlischen Wesen und bittet diese, diesen Ort zu bewohnen und eure Gegenstände zu durchdringen, damit sie auf euch, auf eure Familie, auf die Gesundheit eurer Frau, eures Mannes oder eurer Kinder, auf ihren Verstand, ihre Seele und ihren Geist eine positive Wirkung ausüben. Gewöhnt euch diese Handlungsweise an, dann merkt ihr bald, wie sehr euch geholfen wird, wie ihr unterstützt und gestärkt werdet.

108. Unsere Anwesenheit hinterlässt überall Spuren

Durch unser tägliches Tun hinterlassen wir Spuren an den Orten, an denen wir uns aufhalten. Es sind Abdrücke oder Klischees auf der ätherischen Ebene, die einem Gedächtnis auf Wänden, Möbeln und Gegenständen gleichen. Selbst wenn ihr die Dinge nicht berührt, hinterlasst ihr Spuren auf ihnen; auch ohne sie anzufassen, prägt sich eure Gegenwart und das, was von eurem physischen, astralen und mentalen Körper ausgeht, in ihnen ein. Auch an Orten, an denen ihr vorbeikommt und in Menschen, mit denen ihr zusammentrefft, hinterlasst ihr gute oder schlechte, lichtvolle oder dunkle Spuren. Deswegen ist es so wichtig, an seinen Gedanken und Gefühlen zu arbeiten, um sie zu verbessern, zu reinigen, weil man weiß, dass man nicht nur durch Taten, sondern auch durch Gedanken und Gefühle, Gutes oder Schlechtes bewirken kann.

Was ihr auch tut, bemüht euch, überall nur Spuren des Lichtes und der Liebe zu hinterlassen. Wenn ihr auf einem Weg oder einer Straße geht, so segnet sie und bittet, dass all jene, die nach euch kommen, mit Frieden und Licht erfüllt werden, dass sie auf den richtigen Weg geführt werden und mit der göttlichen Welt in Einklang schwingen.

109. Unser Einfluss auf die Menschen und die ganze Schöpfung

Die Menschen beachten selten die positiven oder negativen Auswirkungen des inneren Zustandes, in dem sie sich gerade befinden. Selbst gegenüber denen, die sie lieben, verhalten sie sich oft achtlos und nachlässig. Gerade dann, wenn er unglücklich und bekümmert ist, sucht ein Mann seine Freundin auf und umarmt sie, um sich zu trösten. Es ist ihm egal, dass er mit seinen Küssen Kummer und Mutlosigkeit an sie weitergibt, es fällt ihm nicht einmal auf! Und wie viele Eltern tun das Gleiche mit ihren Kindern! Männer und Frauen haben ständig Austausch miteinander, aber was ist das für ein Austausch? Gott allein weiß es – oder vielmehr die Teufel!

Wenn ihr euch gereizt, nervös oder lustlos

fühlt, solltet ihr andere – vor allem Kinder – nicht berühren und ihnen auch nichts geben, denn mit eurem Zorn oder eurer Lustlosigkeit zieht ihr sie ins Negative. Ja, sogar beim Zubereiten einer Mahlzeit achtet darauf, dies nicht in einer beliebigen inneren Verfassung zu tun, weil ihr wisst, dass eure Gedanken und Gefühle die Nahrung prägen, die anschließend eure Familie oder eure Freunde zu sich nehmen. Lernt bei allem, was ihr tut, aufmerksam zu sein und dabei Bewusstsein und Sensibilität zu entwickeln.

Ihr dürft nie vergessen, dass eure innere Verfassung nicht nur euch selbst, sondern auch andere beeinflusst. Selbst wenn ihr es nicht sehr klar fühlt, so seid ihr doch mit allen Mitgliedern der Familie und der Gesellschaft verbunden. Wenn ihr vorankommt, spiegeln sich all eure Reichtümer und euer Licht in jenen Menschen wider, mit denen ihr verbunden seid. Aufgrund eures Vorankommens kommen auch sie voran. Sie merken es vielleicht nicht, aber der Himmel sieht, dass sie tatsächlich durch euch vorankommen. Und das Gleiche geschieht, wenn ihr euer Licht verliert: Eure Familie oder die Gesellschaft, die mit euch verbunden sind, sind wegen euch schädlichen Einflüssen ausgesetzt. Auf diese Weise zieht man die Wesen in den Himmel oder in die Hölle. Ja, man ist verantwortlich!

Wollt ihr also nützlich sein, der ganzen Menschheit, sogar den Tieren, den Pflanzen und den Bäumen helfen? Dann versucht, ein zunehmend spirituelles Leben zu führen, denn auf feine, kaum wahrnehmbare Weise zieht ihr mit euch die ganze Schöpfung empor und lenkt den Segen auf alle Geschöpfe.

110. Es steht uns frei, uns Einflüssen zu öffnen oder nicht

Ihr müsst wissen, dass es immer von euch abhängt, euch einem Einfluss zu öffnen oder nicht. Selbst böse Geister sind machtlos, wenn ihr euch ihnen gegenüber verschließt. Wenn ihr jedoch kein Unterscheidungsvermögen besitzt und nicht gelernt habt, euch zu schützen und ihr keine Vorsichtsmaßnahmen trefft, dann dürfen sie euch zur Hölle hinabziehen. Sie wissen, wie sie euch mit allerlei Verlockungen ködern können; wenn ihr darauf hereinfallt, wenn ihr anbeißt, seid ihr in ihrem Netz gefangen, und sie führen euch dann Schritt für Schritt ins Verderben. Gott hat ihnen diese Macht gegeben, aber nur dann, wenn ihr schwach und darüber nicht aufgeklärt seid. Wenn ihr euch hingegen weigert, ihnen zu folgen und wenn ihr euch unter den Schutz der Lichtgeister stellt, entkommt ihr ihnen, sie haben keinerlei Macht über euch.

111. Reinigt euch von allem, was unerwünschte Wesenheiten nähren könnte

Wenn ihr im Haus Essensreste herumliegen lasst, werden gleich allerlei Tierchen durch sie angezogen: Fliegen, Wespen, Ameisen, Mäuse usw. Schmutz lockt sie an. Um sie loszuwerden, muss man alles säubern, sonst ist nichts zu machen. Es genügt nicht, dass man versucht, sie zu vertreiben oder zu vernichten: Solange ihr Abfälle herumliegen lasst, habt ihr Ungeziefer im Haus, weil immer neues nachkommt. Um diese Tierchen endgültig zu verjagen, müsst ihr sauber machen, dann gehen sie woanders auf Nahrungssuche. Bedenkt, dass das Gleiche geschieht, wenn ihr in euch unreine oder finstere Gefühle, Wünsche oder Gedanken eindringen lasst und sie aufrechterhaltet. Sofort kommen dunkle Wesenheiten, die solche Unreinheiten gern haben, und sie plagen und quälen euch. Was immer ihr auch unternehmt, solange ihr in euch gärende oder faulende Elemente habt, werdet ihr zur Beute unerwünschter Wesen. Um sie loszuwerden, müsst ihr eure Gedanken und Gefühle überwachen und an ihnen arbeiten, um sie zu reinigen und in eine köstliche Nahrung für himmlische Wesen zu verwandeln.

112. Weiht euch den lichtvollen Geistern

Das Universum ist von Milliarden böswilliger Wesenheiten bevölkert, die sich den Untergang der Menschheit geschworen haben. Natürlich ist er auch von unzähligen Lichtwesen bevölkert, welche die Aufgabe haben, ihr zu helfen und sie zu schützen. Ihre Hilfe und ihr Schutz werden jedoch erst richtig wirksam, wenn die Menschen selbst mithelfen.

Stehen bei euch Herz, Seele und Geist nach allen Seiten offen, ohne geweiht und mit einer Lichtschranke umgeben zu sein, dann haben finstere, unerwünschte Geister das Recht, in euch einzudringen, Schaden anzurichten und mit all euren Schätzen zu verschwinden. Es trifft sie keine Schuld, denn es ist an euch, alles Notwendige zu unternehmen, um sie auf Abstand zu halten und stattdessen durch euer tägliches Gebet lichtvolle Geister heranzuziehen: »Herr, mein Gott, Göttliche Mutter, Heilige Dreieinigkeit, Engel und Erzengel, Diener Gottes, Diener des Lichtes, himmlische Freunde, euch gehört mein ganzes Wesen, lasst euch in mir nieder, bedient euch meiner, verfügt über mich zum Ruhme Gottes, zur Verwirklichung des Reiches Gottes auf Erden.« Dies solltet ihr jeden Tag wiederholen. Wenn ihr es nicht tut, dürft ihr euch nicht wundern, wenn sich andere Wesenheiten in euch niederlassen.

Vergesst ihr, himmlische Wesen einzuladen, dann seid nicht erstaunt, wenn andere – ganz und gar nicht himmlische – in euch einziehen. Es liegt an euch zu entscheiden, von wem ihr »besetzt« werden wollt. Die Engel werden nicht versuchen, in euch einzuziehen, wenn ihr sie nicht einladet. Teufel hingegen dringen ein, ohne auf eine Einladung zu warten, weil sie vor nichts Respekt haben. Wenn ihr wollt, dass Engel kommen, dann müsst ihr euch selbst dafür entscheiden, folgende magischen Worte zu sprechen: »Hier bin ich der Eigentümer, ich bin der Hausherr, kommt und verfügt über alles, es gehört euch.« Wenn die Lichtwesen spüren, dass sie den Willen des Eigentümers erfüllen, werden sie sehr wagemutig, stürzen sich auf die bösen Geister und verjagen sie. Aber solange der Hausherr diese Worte nicht spricht, respektieren sie seinen Willen und unternehmen nichts. Ja, das sind göttliche Regeln.

113. Stellt euch in den Dienst des Himmels, um seinen Schutz zu genießen

Angenommen, ihr seid Beamter beim Staat, dann schützt dieser euch, und im Prinzip kann keiner euch angreifen, ohne dass die über euch wachende Autorität euch verteidigt. Ebenso wird derjenige, der dem Himmel dienen will und sich für die göttlichen Interessen einsetzt, so etwas wie ein

»Beamter«, über den fortan die unsichtbare Welt wacht. Die Engel schützen ihn und nehmen sich seiner an. Er fühlt sich nicht mehr einsam und verlassen im Leben, weil er zur göttlichen Familie gehört. Wenn ihr euch in den Dienst des Himmels stellt, um an der Verwirklichung des Reiches Gottes und seiner Gerechtigkeit auf Erden teilzunehmen, breitet sich ein großer Schutzmantel über euer Leben aus. Lichtvolle Wesen begleiten euch, unterstützen und erleuchten euch.

114. Ein wahrer Talisman

Um in Kriegszeiten die Scheiben vor den durch Bomben verursachten Explosionen zu schützen, wobei sie hätten zu Bruch gehen können, klebten die Leute kleine Papierstreifen auf die Scheiben, welche die Erschütterungen abfingen. Übertragen wir dieses Phänomen nun auf das Innenleben: Was stellen wir fest? Es kommt vor, dass man den Angriffen negativer Gedanken und Gefühle ausgesetzt ist, die wie Bombenangriffe wirken, wobei die »Scheiben« zerbrechen können. Wenn ihr jedoch Papierstreifen darauf klebt, d. h. wenn ihr im Herzen das Bild eines Heiligen, eines Propheten oder das Bildnis Christi habt und euch darauf konzentriert, so wird dieses allen chaotischen Schwingungen entgegenwirken, weil ihr es verehrt und liebt, und ihr könnt allem standhalten.

In der Christenheit gab es schon immer Mystiker, die das Antlitz Christi verehrten, anbeteten und als einen Talisman betrachteten, der stark genug war, um sie zu erleuchten und vor allem Bösen zu schützen. Wenn ihr wirklich einen Talisman besitzen wollt, so wählt das Antlitz eines reinen, lichten, gerechten und weisen Menschen, eines wahren Gottessohnes oder einer wahren Tochter Gottes. Meditiert jeden Tag lange davor und versucht, euch mit ihm zu identifizieren.

115. Die Aura ist der beste Schutz

Den Menschen ist es gelungen, unzählige Geräte zu vervollkommnen, mit denen sie sich auf der physischen Ebene schützen und verteidigen können. Betrachtet nur einmal Tresore, Sicherheitsschlösser, Panzertüren und Alarmanlagen, ganz zu schweigen von den Waffen, von Geschützen, Panzern, Raketen, Fernlenkgeschossen usw. Auf der spirituellen Ebene jedoch bleiben die Menschen arm, hilflos und sind allen Überfällen ausgeliefert. Dabei gibt es alle möglichen Mittel und Waffen. Alles was auf der physischen Ebene erfunden wurde, hat seine Entsprechung auf der spirituellen Ebene. Den Kleidern zum Beispiel, die uns vor Kälte und Wärme, vor Unwettern, Stößen und Insekten schützen, entspricht auf der spirituellen Ebene die Aura. Die Aura ist mit der beste Schutz.

Das wahre Kleid des Menschen ist die Aura mit allen ihren Farben, die seine guten Eigenschaften und Tugenden darstellen. Ja, die Aura ist euer spirituelles Kleid, gewebt aus euren Tugenden, vor allem aus Reinheit und innerem Licht. Dann verlassen euch die unerwünschten Wesenheiten, die nichts finden, woran sie sich festhalten können, die keine Nahrung mehr finden und das Licht nicht ertragen. Die Aura übt eine magische Wirkung auf die Geister der unsichtbaren Welt aus, indem sie lichtvolle Wesen anzieht und dunkle Wesen abstößt. Ihr solltet jeden Tag in Gedanken einen Lichtkreis um euch ziehen und euch in der Mitte dieses Kreises eine Lichtquelle vorstellen, die unaufhörlich sprudelt und deren segensreiche Wellen sich über euch und um euch herum ausbreiten.

116. Unser Schwerpunkt liegt in Gott

Wenn es euch gelingt, den Herrn an die erste Stelle eurer Existenz, über eure Wünsche und persönlichen Interessen zu stellen, geschehen in euch große Veränderungen und ihr werdet zu einer geordneten Welt. Gott an die erste Stelle seines Wesens zu stellen bedeutet, einen unverrückbaren Schwerpunkt zu finden. Wenn ein Gegenstand in eine stabile Lage gebracht wird, kann man ihn in alle Richtungen bewegen, er kehrt immer wieder automatisch in seine Gleichgewichtslage zurück.

Das Gleiche gilt für den Menschen. Solange ihr euren Stützpunkt nicht fest in Gott verankert habt, werdet ihr durch jede kleine Erschütterung in eurem Leben aus dem Gleichgewicht geworfen. Wenn es euch jedoch gelingt, eure ganze Hoffnung und Liebe, euren ganzen Glauben und euer ganzes Vertrauen auf den Schöpfer auszurichten, bleibt ihr, was immer auch geschieht, fest verankert und widerstandsfähig.

117. Weiht euer Herz dem Schöpfer

Erst wenn ihr alles Gott schenkt – Geist, Seele, Körper, ja sogar Haus und Geld –, seid ihr in Sicherheit. Denn allein der Herr ist fähig, euch zu sagen, wie ihr es zum Guten verwenden könnt. Als Erstes jedoch solltet ihr Gott euer Herz schenken, Er selbst bittet euch darum. Weshalb? Weil der Teufel sich ins Herz einschleicht. Das Herz entspricht der Astralebene, welche die physische Ebene berührt. Deshalb können die dunklen Kräfte der unterirdischen Welt das Herz leichter beeinflussen, als den Intellekt, die Seele oder vor allem den Geist. Was ihr auch Böses tut, den Geist könnt ihr nicht mitziehen. Der Geist ist ein Funke, der niemals verdunkelt oder ausgelöscht werden kann; er ist zu nahe bei Gott.

Der Herr bittet euch um euer Herz, aber ihr entgegnet: »Warum denn, Herr? Mein Herz gehört doch dieser oder jenem...« – »Gut, in Ordnung«, sagt der Herr, »aber gib es mir trotzdem, denn all dein Unglück und dein Leid kommt daher, dass du dein Herz für dich behältst, und es kann dir nur üble Streiche spielen.«

Schenkt Gott euer Herz, dann ist es in Sicherheit. Er weiß es zu tragen, ohne es fallen zu lassen. Dagegen ist es bei demjenigen, den ihr liebt, niemals sicher. Solange ihr euer Herz nicht dem Herrn weiht, seid ihr innerlich immer großen Aufregungen ausgesetzt. Es wurden schon so viele außergewöhnliche Menschen durch ihr Herz in allerlei Ausschweifungen und Torheiten hineingezogen! Ja das Herz..., keiner ist vor den Dämonen sicher, die versuchen, sich der Herzen der Menschen zu bemächtigen. Deswegen sollt ihr euch immer unter himmlischen Schutz begeben, indem ihr Gott euer Herz schenkt. Gott sendet dann seine Engel, damit sie sich in eurem Herzen niederlassen und es unter ihren Schutz stellen.

INDEX

A

F

H

I

M

Q

R

S

T

Z

Vom selben Autor

Taschenbuchreiche Izvor

200 Hommage an Meister Peter Deunov
201 Auf dem Weg zur Sonnenkultur
202 Der Mensch erobert sein Schicksal
203 Die Erziehung beginnt vor der Geburt
204 Yoga der Ernährung
205 Die Sexualkraft oder der geflügelte Drache
206 Eine universelle Philosophie
207 Was ist ein geistiger Meister?
208 Das Egregore der Taube oder das Reich des Friedens
209 Weihnachten und Ostern in der Einweihungslehre
210 Die Antwort auf das Böse
211 Die Freiheit, Sieg des Geistes
212 Das Licht, lebendiger Geist
213 Die menschliche und göttliche Natur in uns
214 Liebe, Zeugung und Schwangerschaft
215 Die wahre Lehre Christi
216 Geheimnisse aus dem Buch der Natur
217 Ein neues Licht auf das Evangelium
218 Die geometrischen Figuren und ihre Sprache
219 Geheimnis Mensch. Seine feinstofflichen Körper und Zentren
220 Der Tierkreis, Schlüssel zu Mensch und Kosmos

221 Alchimistische Arbeit und Vollkommenheit
222 Die Psyche des Menschen
223 Geistiges und künstlerisches Schaffen
224 Die Kraft der Gedanken
225 Harmonie und Gesundheit
226 Das Buch der göttlichen Magie
227 Goldene Regeln für den Alltag
228 Einblick in die unsichtbare Welt
229 Der Weg der Stille
230 Die Himmlische Stadt
231 Saaten des Glücks
232 Feuer und Wasser – Wunderkräfte der Schöpfung
233 Eine Zukunft für die Jugend
234 Die Wahrheit, Frucht der Weisheit und der Liebe
235 Im Geist und in der Wahrheit
236 Weisheit aus der Kabbala
237 Das kosmische Gleichgewicht – Die Zahl 2
238 Der Glaube versetzt Berge
239 Die Liebe ist größer als der Glaube
241 Der Stein der Weisen
242 Unerschöpfliche Quellen der Freude

Vom selben Autor

Reihe Gesamtwerke

1 Das geistige Erwachen
4 Das Senfkorn – Symbole im Neuen Testament
5 Die Kräfte des Leben
6 Die Harmonie
7 Die Reinheit, Grundlage geistiger Kraft (früherer Titel: Die Mysterien von Jesod)
9 »Im Anfang war das Wort« Kommentare zu den Evangelien
10 Sonnen-Yoga (Surya-Yoga) Die Herrlichkeit von Tiphereth
11 Der Schlüssel zur Lösung der Lebensprobleme
12 Die Gesetze der kosmischen Moral
13 Die neue Erde
16 Alchimie und Magie der Ernährung – Hrani-Yoga
27 Die Pädagogik in der Einweihungslehre
32 Die Früchte des Lebensbaums
14/15 Liebe und Sexualität (Doppelband)
17/18 Erkenne dich selbst – Jnani-Yoga (Doppelband)
23/24 Eine neue Religion (Doppelband)
25/26 Der Wassermann und das Goldene Zeitalter (Doppelband)

Vom selben Autor

Reihe Broschüren

Verlag-Auslieferung

Éditions Prosveta S.A. – B.P. 12 – F-83601 Fréjus Cedex, (France)
Tel. (33) 04 94 19 33 33 – Fax (33) 04 94 19 33 34

DEUTSCHLAND
PROSVETA VERLAG GMBH
Postfach 16 52, 78616 Rottweil
Tel. 0741-46551, Fax 0741-46552
E-Mail: prosveta7@aol.com
Internet: www.prosveta.de

ÖSTERREICH
HARMONIEQUELL VERSAND
Hof 37/4, 5302 Henndorf
Tel. und Fax 06214 7413
E-Mail: info@prosveta.at
Internet: www.prosveta.at

SCHWEIZ
ÉDITIONS PROSVETA
Chemin de la Céramone 2
1808 Les Monts-de-Corsier
Tel. 021 9219218, Fax 021 9229204
E-Mail: prosveta@bluewin.ch
Internet: www.prosveta.ch

Adressen für weitere Länder: www.prosveta.com

Wenn Sie sich über die Anwendung der Lehre von Omraam Mikhael Aivanhov informieren möchten, wenden Sie sich bitte an eine der folgenden Adressen:

Deutschland
UWB e.V., Marienstr. 33, 78588 Denkingen
Internet: www.uwb-ev.de, E-Mail: uwb@uwb-ev.de

Schweiz
FBU, Chemin de la Céramone 13, 1808 Les-Monts-de-Corsier
Telefon 021-925 40 80, www.videlinata.ch

Österreich
UWB, Postfach 335, 5016 Salzburg
Internet: www.aivanhov.de, E-Mail: uwb@omraam.org